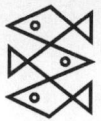

Alfred Kerr verstand sich nicht nur als Theaterkritiker, sondern auch als Schriftsteller und Spracherneuerer. In seinen vielfältigen Aufzeichnungen versuchte er, sich schreibend seiner Welt zu versichern und für die Fülle des Lebens eine geeignete Sprache zu finden. Das Berlin der Jahrhundertwende, in das Kerr mit zwanzig Jahren kam, erschien ihm als ein unerschöpflicher Kosmos, den es in seiner ganzen Vielfalt zu durchmessen galt. Das bunte Treiben der Stadt und die herrliche Umgebung reizten Kerr, seine persönlichen Erlebnisse in einer Reihe von Notaten festzuhalten, die unter dem Titel *Aus dem Tagebuch eines Berliners* zusammengefaßt wurden. Seine genauen Beschreibungen der Menschen und Orte rund um Berlin zeigen Kerrs große Daseinslust und Sinnenfreude, die er den Genüssen einer »Welt im Licht« entgegenbrachte. Selbstverständlich weisen Kerrs Aufzeichnungen auch seine biographischen Wendepunkte aus, die erotischen Verwirrungen, das Glück und Unglück seiner zwei Ehen, und berichten von seiner Begeisterung wie auch der Mühe bei dem Verfassen seiner Kritiken.

Die wohlgeordneten, stets in eine klare Struktur gebrachten Aufzeichnungen sind ein wunderbarer Ausgangspunkt, um Kerrs unverwechselbaren Stil, seine besondere Beobachtungsgabe und seinen zarten, liebevollen und unersättlichen Blick auf die Schönheiten des Lebens kennenzulernen.

ALFRED KERR (ursprünglich Kempner), 1867 in Breslau geboren, studierte Literaturwissenschaft in Berlin. Als Kritiker arbeitete er vornehmlich bei *Der Tag*, dem von ihm geleiteten zweiten *Pan* und dem *Berliner Tageblatt*. 1933 floh Kerr aus Deutschland und konnte sich nur mit viel Mühe in London eine neue Existenz aufbauen. Als Besucher in Hamburg, erlitt Kerr 1948 einen Schlaganfall und machte seinem Leben ein Ende.

Alfred Kerr

Aus dem Tagebuch eines Berliners

Fischer Taschenbuch Verlag

Textgrundlage dieser Ausgabe ist Alfred Kerr: Werke in Einzelbänden.
Herausgegeben von Hermann Haarmann und Günther Rühle.
Band I, 1. Erlebtes. Deutsche Landschaften, Menschen und Städte.
Herausgegeben von Günther Rühle. S. Fischer Verlag,
Frankfurt am Main 1998, S. 5-217.
Der Titel *Aus dem Tagebuch eines Berliners* stammt vom Herausgeber.
Als Druckvorlage diente der Band Alfred Kerr: Es sei wie es wolle,
Es war doch so schön!, Berlin 1928.

Veröffentlicht im Fischer Taschenbuch Verlag GmbH,
Frankfurt am Main, Juli 1999

Lizenzausgabe mit freundlicher Genehmigung
des S. Fischer Verlags, Frankfurt am Main
© Argon Verlag GmbH 1989
Druck und Bindung: Clausen & Bosse, Leck
Printed in Germany
ISBN 3-596-14488-4

Verwirrungen

Vorspiel

I.

Was hier als Vorspiel steht, nahm ich aus dem Tagebuch, vor Jahren, in den Einleitungsband meines späteren Hauptwerks »Die Welt im Drama«. Die Stelle hieß:

II.

»... Im Jahre 1894 hatte ich Berlin verlassen, um für drei Monate dieser Stadt fernzubleiben, allerhand Zerwühlendes loszuwerden. Es war hohe Zeit, daß ich fortkam; wäre man damals ein ›Klugerfahrener‹ gewesen, so konnte man mit Mephistopheles sprechen:

> Und hat mit diesem kindisch-tollen Ding
> Der Klugerfahr'ne sich beschäftigt,
> So ist fürwahr die Torheit nicht gering,
> Die seiner sich am Schluß bemächtigt.

Beim Schwager, in einem schlesischen Gebirgsdorfe, saß ich die ersten Wochen vor der Abreise nach Italien. Es war der Zustand, wo die Natur, Luft, Berge nicht die geringste Wirkung üben; wo man gepreßt, totengleichgültig, voll verhaltener Ausbrüche ist, von keinem Weib etwas wissen will und nur das unstillbare wütende Verlangen fühlt nach dem einzigen Körper des verfluchten geliebten Frauenzimmers, das man verlassen hat, für die man mit Bräutigam und Mutter auf seiner Bude sich herumgeschlagen hat und die man aus dem Wasser holte, da sie aus Wut und Jugend und Liebesbestialität und Komödie hineinhopste.

In dieser Stimmung, abwesend, willensgelähmt und voll drohender Raserei...

— — Jetzt aber löste sich etwas in mir, und ich dachte nun wieder, nach all den wilden Auftritten, an jene unvergeßlich süßen Nächte zurück, auch an die abendliche Pfaueninsel und an die späten Fahrten auf der wipfelstillen, dunkelgrünen Havel mit dem schwachen, roten Schein — und an ihre besten Liebestage und ihre schlichteste Hingebung.«

III.

Das schrieb ich gestern (gegen meinen Willen fast), statt über das Werk eines andren Dichters zu reden.

(Ich sprach dann über sein Werk dennoch mit Hingabe.)

IV.

Ich wundere mich immer, wenn jemand beim Erleben an Stellen aus der Literatur denkt. Ich denke vor der Literatur weit öfter an mein Erlebtes.

Statt zu finden: »Dieser merkwürdige Nachmittag erinnert mich an eine Seite beim X.« — statt dessen find' ich fast immer: »Diese Seite beim X. erinnert mich an einen merkwürdigen Nachmittag, als ...«

Ja, sooft ich eine sogenannte Kritik schreibe, kommt mir aus dem Eignen was hinein.

Welten im Licht fließen in die Welt im Rampenlicht.

Eitelkeitsmarkt

I.

Es ist (mitten im Oktober!) abermals Frühling. Im Jahr 1898. Am Boden rascheln zwar braungelbe Blätter, die in Novellen häufig vorkommen. Aber die Luft ist lind — und es ist Frühling.

Mit gehobener Empfindung und aufgeknöpftem Jackett gehn durch die Gänge des Tiergartens noch einmal vor dem Abschied junge Mädchen, und sie lassen sich küssen. Von der linden Luft zunächst.

II.

Unter dem lauen Wehen »erschauern« sie.
(Sie unterlassen es nur selten, zu »erschauern«.)
Finden, es sei zum Spazierengehen »solche schöne Zeit«.
Streichen mit Vorliebe, zu zweien untergefaßt, um das
Denkmal der Königin Luise.

Sie tun seltsame Bemerkungen über die heilige Frau (wie
Ernst von Wildenbruch sie preußisch-religiös getauft hat).
Manche mit verborgen-schwärmerischer Achtung. Doch
andre fühlen was von Eifersucht. Die werden beinah heftig,
wenn man die edle, legendenhafte Königin lobt. Du, Mädel,
verschollenes, blondes, das einst ins Wasser hopste, sprachst
wütend einmal zu mir: »Ach was, die hat auch . . .!«

III.

Was ich sagen wollte: manchmal geht man in diesen späten
Frühlingstagen vormittags um zehn an den stillen Gewäs-
sern des Lützowufers entlang; — »lang«, wie es in Berlin
heißt.

An grün abgedachten Rasenflächen vorbei. Bis zur
Schleuse mit ihrem weißen Strudel; über die Schleuse hinaus
auf den Pfad, wo alte Riesenbäume sich im grünen Wasser
spiegeln.

IV.

Da erwägt man, leise beschwipst von der Frühlingsluft, ob
es nicht wieder mal nützlich, passend, angenehm wäre, den
ganzen Berliner Krempel mit einem kleinen Fußtritt im Stich
zu lassen und irgendwo in einem Dickicht zu hausen. Was
brauchte man viel? Ein Haus (im Dickicht), eine Bibliothek,
einen Flügel, ein Pferd, einen Hund, ein Weib. Das wird
noch zu haben sein. Gelegentlich erhält man dann einen
Brief von einem Freunde, tröstsam und heiter und saftig ge-
halten, und vergißt in dieser räumlichen Entfernung, daß der
Freund in der Nähe wohl auch ein Halunke ist, und lacht
bestens.

Im übrigen spielt man Beethoven, besonders die scherzi.
Stöbert abends in einem spanischen Buch. Morgens reitet

man aus, wie dunnemals, als man in brandenburgischem Kieferngelände auf einer Trakehnerstute gewiebelt wurde. Fäuste abrunden! Hacken runter! Fußspitzen nach innen! Ellbogen an Leib! Schenkel ran, Schenkel ran, laufen, was er laufen kann! — Beim Absteigen zweifelhaft, ob die Knochen alle vorhanden sind. Beim Gehen torkelt man. So müßt' es wieder sein, alle Morgen. Bloß allein.

V.

Und das Weibsbild müßte wohl einen Schuß Mozart in sich haben. Eine Musik im Wesen. Dürfte nicht umfallen, wenn sie eine Balgerei mit ansieht. Und man hätte das Glück, Bücher zu lesen, ohne die Urheber sehn zu müssen. Über dem Eingang des Hauses aber würden die wundervollen, alten, stolzen Judenverse stehn:

Gott mög' mich benschen,
Ich soll nicht brauchen *Menschen!*

Benschen heißt segnen und kommt wohl von bénir. Ja, bei solchem Dasein könnte man mit tieferem Bewußtsein der langsam andämmernden Vernichtung entgegenziehn. Bloß von Zeit zu Zeit in die Welt eilen, den Eitelkeitsmarkt betreten, mit der Bande leben, Taten tun, jedem Kohlhaas helfen, jeden Vogt spießen, dann dreimal spucken und verschwinden. Das müßte man... Die Beschwipstheit in dieser Frühlingsluft läßt so ein Ziel ganz nah erreichbar scheinen. Wenn aber die Uhr sieben schlägt —

VI.

Wenn die Uhre sieben schlägt, geht man vorläufig ins Theater. Nicht ins Dickicht. Denn — komisch! — ich bin im Handumdrehn als ein »berühmter Kritiker« aufgewacht.

Theodor Fontane, der mich nie gesehn hat, schrieb sogar einen Lobesbrief meinethalben an die abseitige Wochenschrift, wo ich Dramen kennzeichne. Der Zustand ist plötzlich da. Komisch... Wie hängt alles das mit mir zusammen?

Vielleicht so:

Weil ich niemals unterlassen kann, in der sichtbaren Wirklichkeitswelt, beim Gehn durch eine Straße, bei der Begegnung in einem Zimmer, jedem Geschöpf in Wonnelust oder Abneigung zwischen Stirn und Schnauze zu gucken. Berichtigungen dort vorzunehmen nach meinem Wunsch. Wesen umzukrempeln nach eignem gusto... oder hell anzuerkennen in ihrer Beschaffenheit. Weil ich Mannsgesichter zurechtschneidere, wie sie vom Schicksal schicklicher gemacht wären... oder bestätige, wie gut sie gemacht sind. Weil ich von jeder Frau, ob sie schon unbekannt vorbeischwebte, nach zwei Tagen weiß, was sie angehabt hat — (und wie sie besser aussehn könnte). Weil etwas in mir über Dinge der Außenwelt hienieden unwissentlich einen Beschluß faßt; im Keller des Bewußtseins automatisch ein Urteil fällt; eine Quittung stellt. Weil ich vor jeglicher Gestaltung des Irdischen gedrängt bin: zu preisen oder zu rülpsen. Weil es ein tiefer Zwang ist, Stellung zu nehmen — dankbar oder kotzend. (Es ist eine Leidenschaft; sie wird von mir manchmal erkannt, wenn mich Trottel damit necken.)

Vor allem aber dies alles deshalb: weil ich fortwährend unbewußt sichte: zwischen Recht und Unrecht rings; fortwährend Recht innen bejahe, Unrecht nulle.

Schließlich deshalb: weil ich nicht nur tiefste Verachtung, sondern körperliche Abneigung spüre gegen Weitschweifigkeit; gegen Unform; etwas von Romanschreibern, Dramenstümpern mit ihrem unadligen, unmelodischen, breiten, trocknen Mißkram, uäh, uäh (als umschlössen sie von der Musik eines Blüthnerflügels bloß das Leder hinter den Tasten: indes ich der Klang bin). Letztens, weil dies alles...

Ja, warum soll dies alles nicht auf die Unterscheidungen im Drama sich auch erstrecken? auf einen jämmerlich versuchten Lebensabdruck? (Ihr Abdruck: mein Albdruck.)

(Sehr dumm, dies alles zu äußern; haßwerbend; aber nicht unehrlich; denn ich fühle so.)

... Mein ist die Sprache.

VII.

Auch heut saß ich — nicht im Dickicht, sondern im Theater. Man gibt ein Bismarckstück. Der Verfasser heißt Philippi. Benedeiter Kopf... Der eiserne Otto tritt auf die Bretter, abgehalftert, von einem langen Schauspieler, Pittschau, gemimt.

Im Applaus regen sich die Hände solcher, die keine Hand gerührt, als Bismarck entlassen wurde.

VIII.

Das ist mein Schicksal, mit einem Frühlingstag zu beginnen... und mit einem Drama zu enden. Lebenslänglicher Kampf der Welt im Licht mit der Welt im Rampenlicht.

Bismarck ist am Schluß des Stücks mit seinem Kaiser herzlich versöhnt. Und was tut nun der Abend? aber herabsinken.

Elf Uhr.

Immer noch wehen laue Lüfte frühlingsgleich. Ich schreite durch den Frühling vor dem Schlafengehn.

Um Mitternacht, für sieben geschlagne Stunden, bezieh' ich dann mein Haus, im Dickicht.

Der Winter ist aus

I.

Der Winter ist aus.

Jemand sprach einen französischen Vers in einer Gesellschaft. Er traf einen andren wie ein Blitzstrahl. Wer ihn gedichtet hat, weiß ich nicht. Ich denke mir, er wird von Musset sein. »En te perdant je sens que je t'aimais.«

Wenn ihn Musset nicht schrieb, wer weiß, welcher verblaßte Romantiker es tat — der mir sonst nichts mehr zu sagen hat. Man lacht vielleicht über seine andren Verse samt und sonders. Doch über diesen zu lachen, ist unmöglich. En te perdant je sens que je t'aimais... En te perdant je sens que je t'aimais...

II.

Der Lenz ist gekommen. Es gießt und ist kalt wie im Januar.

Auf fünf Monate geht man auseinander. Es flieht der Zauber, der inmitten strahlender Erdmenschen im Abendschein erhellter Räume manchmal niederschwebt.

Aschblondes Haar und dunkle Augen. Oder gedunkeltes Haar und hold verschwimmende Rubens-Augen? Es wehten diese Haare manchmal um eine stille, junge, nicht mehr reine Stirn. Wie Sommerfäden über der »frevelhaften Schönheit« der Brust, des Halses. Eine glitzert, wenn sie tanzt; als ob dies Kleid sich in Tropfen gewälzt hätte — bevor es in die Nähe der Glasblumen und mattgefärbten Flammenkelche kam.

III.

Ja, zum Donnerwetter, noch einmal zittert es aus Lichtkronen in der Mitte, leuchtenden Blüten in den Winkeln hernieder; süßen Wahnsinn in die Seele bannend. Der Lenz ist gekommen, es gießt mit Bindfaden, der Abschied naht.

IV.

Noch einmal sieht man sie im Theater sitzen. Ich sehe, sehe, sehe jetzt eine Gestalt des Stücks, von der als einer Verstorbenen geredet wird; das ist sie. Die junge Frau eines Gelehrten im Stück, leuchtende Verbrecherin von zartem Leichtsinn. Ich seh' sie lebendig auf ihrem Sessel sitzen im Zuschauerraum, das Theater ist schummrig, man blickt kaum auf die Bühne, sondern immer querdurch über die Köpfe der matt erhellten Parkettmenschen... nach ihr, die man so gut kennt. Und man möchte jetzt im Halbdunkel wieder mit ihr allein sein und sie wieder in die Arme nehmen und sie halbtotküssen.

En te perdant je sens que je t'aimais.

Wen ein Mensch in fünf Monaten lieben wird, wissen die Himmlischen. Was vor nicht langem als Abenteuer begann, in Gesellschaft mit einem ersten frechen Kuß: das kann am Schlusse selbigen Winters mit einer sogenannten Verblutung enden. Aber man verblutet nicht! Recht empfindsam ruft mein dunkeläugiger deutscher Romantiker vom Beginn dieses Säkulums, Clemens Brentano: »Was ist Scheiden anders als eine Träne, und Wiedersehn anders als ein Kuß!« Es ist nicht wahr. Scheiden sind Küsse, Küsse, Küsse. Und Wiedersehn?

En retournant je t'aimerai encore.

V.

_____

Was für ein Blatt auf dem Schreibtisch? Drolliger Zufall. »Das Kränzchen. Illustrierte Mädchenzeitung.« Eine Geschichte »Lissy« von Bernhardine Schulze-Smidt. Auf der fünften Seite das Bild »Beiß doch mal«. Stellt eine Kleine dar, die einer Statue die Finger in den Mund steckt. Auf der siebenten: — »Im Brautschmuck.« Auf der neunten Seite großes Bild mit der Unterschrift: »Am Hochzeitsmorgen.«

Meine lieben jungen Mädchen, meine lieben Backfischlein, meine lieben Kröten, lest recht fleißig die Zeitschrift »Das Kränzchen« — mit dem Hochzeitsmorgen.

Meine holden Blüten, meine seligen Kinder, meine lieben Prinzessinnen. Wenn alles gut geht, kommt ein Tag dann, wo auch ihr im Theater sitzt und aus einer mittleren Parkettreihe ein Herr im halbdunklen Raum nach euch sieht, während ihr bei einer Bewegung zuweilen glitzert und zuweilen die Augenbrauen verzieht und lacht; und er möchte wieder im Halbdunkeln mit euch allein sein, euch in die Arme nehmen und euch halbtotküssen. So ist das Leben — meine holden Blüten, meine seligen Kinder, meine lieben Prinzessinnen.

VI.

Der Lenz ist gekommen. Die Stunde drängt. In vierzehn Tagen bin ich in Paris. (Zum ersten Mal...!)

Auf etliche Zeit nimmt man Abschied von der Stadt an dieser Spree. Von Begegnungen in Zimmern. Und von allem andren.

Von allem andren.

VII.

En te perdant je sens que je t'aimais.

Regen fällt

I.

Woher diese schauderhafte Weichheit plötzlich! Ich verstehe das nicht — und mich nicht. Ist ja ekelhaft. Himmel, Arm und Wolken! Schluß damit.

Wasser strömt immer noch herab in grauer Einsamkeit.

Wer diesen klatschnassen, preußisch-kalten Lenz sturmgefriedet tragen will, muß an die Pforte klopfen, wo der letzte Gesell aller Starken und Sehnsüchtigen haust: der Titan Humor.

Ich klopfe... Man hört sein etwas wildes Lied: Glücklich ist, wer vergißt, was nicht mehr zu ändern ist.

II.

Mittlerweile lebt und stirbt und liebt und lacht hier die Bevölkerung, im Sand am schmutzig-nüchternen Fluß. Gleich Engelszungen redet eine statistische Tabelle; was im Jahr geschah, ist in Zahlen kundgemacht.

Frankreich hat sich zu schämen vor solcher Blüt' und Mehrung in Berlin. »Eine Mutter«, heißt es, »konnte ihr siebenundzwanzigstes Kind in das Geburtsregister eintragen lassen.« Der jüngste Vater war neunzehn Jahr alt.

»Über fünfzig Jahre war die Mutter nur in vier Geburtsfällen.« Ungenügsame Tabelle! Dieser Tadel in dem Wörtchen »nur«!...

Was will der Kummer eines einzelnen besagen gegen so allgemeine Fruchtbarkeit. Schon Vater Gleim sang: »Berlin ist Sparta.« Wie wahr! Jedenfalls ist es nicht Athen.

III.

Die Duse hat gestern in der »Gioconda« gespielt.

In die Knie möchte man sinken. Sie wird von hinnen gehn. Es muß sein. Die Erde trägt solche Gestalten nicht lang.

13

Das Wetter hat sich gebessert inzwischen. Heut speisten viele im Freien zur Nacht. Na also! Am Nollendorfplatz liegt eine große Kneipe, da war im Garten grade noch ein Stuhl zu haben. An den Zaun kam ein Leierkastenmann. Ich schwor, von einer Ahnung erfaßt, er würde die Melodie spielen: »Glücklich ist, wer vergißt, was nicht mehr zu ändern ist.« Ein Leierkasten vermag ein Schicksalsruf zu sein.

Er spielte jedoch: »Du, du liegst mir im Herzen.«

Racha!

I.

Der Osterhase kommt herangehüpft — es regnet. Immer noch; immer noch. Seit wie lange? Die Zeit schwamm; der Tag ersoff. (Kreuzbergstadt...!)

II.

In dieser phantastischen Welt tönen Saiteninstrumente, Sterne flimmern, man freut sich der Magie des Daseins, preist gesangvoll die erinnerungstiefen Wunder der Erde — und möchte hundertundfünfzehn Jahr alt werden.

Dessengleichen gibt es Stunden, die Schädelstätten sind; haderhaftige Stunden, wo die Seele dasitzt wie ein böser Aff' im Purpurkleid, von Skorpionen gebissen; und man ruft das Abscheuwort; Racha; welches im Neuen Testament steht.

III.

Ehret die Frauen —. Aber nicht alle. Es gibt welche, die sind schön und sind hundeschnäuzig. Und ihr Sinn ist dermaßen herabgekommen in dieser Welt des Westens: daß sie nicht mehr wissen, wann sie lieben und wann sie hassen.

Und gleichsam besinnungslos, dennoch kalt Erlebnisse sammelnd; wie Ansichtskarten.

Es kräht ihr Herz: jetzt ist es Der! Und wenn es wieder aufwacht, kräht es: nun ist es Dieser! Außer so je einmaligem

Krähen ist alles an ihnen ein leises und tonloses Zwitschern; sie geben nicht viel her.

Gaukeln im Schlaf über die Erde — das ist ein Schlaf voll von Rosennächten und Feierkleidern — und richten durch holdeste Schönheit viel Schaden an.

IV.

Da schreit man: Racha! Racha! und sollte kurz ein Gewehr nehmen, sie vom Erdboden zu tilgen: wenn man nicht wüßte, daß sie schliefen.

Solches sind die Stunden, wo die Seele dasitzt wie ein böser Aff' im Purpurkleid und brütet.

V.

Komm heran, Osterhase, spring wie ein Irrwisch, hüpf mit dem Hinterteil in die Regenwolken, scheuche sie.

Und leg ein Ei; mir in den Schoß. Und wenn ich es öffne, steckt ein Fräulein drin, namens Senta. Und fällt mir um den Hals und bleibt bei mir, bis ich im Alter von hundertundfünfzehn verscheide.

Das ist der teure Osterhas' —
Er macht den Jungen und Alten Spaß.
Das Leben fließt geschwind vorbei,
Er bringt das Glück in einem Ei.
Ei! Ei!

Ansichtskarten

I.

Ansichtskarten schreiben ist blöd; Ansichtskarten empfangen, hold.

Unverfänglichste Art, jemand wissen zu lassen, daß man, trotz allem, trotz allem, an ihn gedacht. Entzückend.

II.

Bisweilen geschieht es, daß man eine Karte mit zwölf Unterschriften bekommt; unter den zwölf ist eine einzige, die sagt mir, wie in verabredeter Geheimsprache, was die andren nicht verstehn. Bloß ich versteh's — denn es ist ein Stück Geheimsprache. Man freut sich doppelt.

(Viel mehr, als wenn sie mir allein eine Karte geschrieben hätt'.)

III.

So wie es auch am schönsten ist, seine Geliebte abends in einer großen Gesellschaft wiederzufinden, wo niemand was ahnt — und formvolle Begrüßungen zu tauschen, nachdem sie am Nachmittag bei mir war.

. . . Ansichtskarten haben, haben, haben ihren Wert.

Düsterbecks Eifersucht

I.

Ein Rentner Düsterbeck stand jetzt vor Gericht. Er hat seine Frau mit dem Messer gestochen; zernagt von Eifersucht.

Düsterbeck hatte die Frau im Verdacht mit einem Förster. An den Betrug mit jenem Waldbeamten glaubt er starr.

Bewiesen? Wann wird solches bewiesen? (Unbeweisbarkeit ist ja die Qual.)

Für kein Gericht bestehn »feinere Merkmale«; für Düsterbeck . . . die feinsten.

Nur, nur, nur die feinsten!

II.

Wo das Vertrauen leise bebt, ohne noch zu wackeln. Da sprießt fressender Schmerz.

Unwägbares im Mißtrauen. Um den Schimmer eines Scheins. Durch mikroskopische Kleinigkeiten wird Raserei entfacht.

Zuweilen ist ein »Dichter« im Roman so freundlich, sich auf die Seite der Frau zu stellen — gibt schäumenden Mannsbildern Unrecht mit strafendem Blick. Er glaubt wirklich, sie folgten Einbildungen... der Gutmütige.

III.

Komik?... Die Komik schwindet, sobald man inmitten der Dinge steht. Zähnefletschende Leidenschaft, Wut, Gier, brüllendes Weh — alles wie selbstverständlich. Man wundert sich über nichts hierbei.

Der Rentner Düsterbeck hat in Neubabelsberg sein dreijähriges Kind gefragt, ob Mama Ehebruch begangen. Das dreijährige Kind stimmte zu. Der Rentner Düsterbeck zog sein Taschenmesser und stach die Frau fünfmal in den Nacken, einmal in den Unterleib.

Sie ist rasch genesen, und er bekam vier Monat'.

Er weiß noch immer nicht, ob er betrogen wurde. Niemals wird er das wissen.

IV.

Und zugegeben, daß er es niemals erfährt... Eine nahe Zukunft murmelt: »Wichtigkeit —!«

Es ist am Ende doch eine Komik.

(Hier ist im Tagebuch Verschiedenes gekritzelt und gestrichen.)

Ich begrub

I.

... und nachdem ich sie zwei Tage betrauert hatte, begrub ich zu Paris ihr Angedenken; ich zerriß die deutschen Telegramme, worin sie schwindelte, nahm eine helle Krawatte und ging durch die Straßen dieser Stadt.

Mögest Du glücklich werden, hol' Dich der Teufel.

Hier geschah es, daß ich diese Strophe von Henry Becque
übertrug:

> Es ist mir nichts von ihr geblieben.
>   Kein Lockenband, das halb verblich,
>   Kein Bild — kein Brief, den sie geschrieben,
>   Ich haßte sie, sie haßte mich.

III.

...in St.-Germain bei Paris. Schauspieler und Musiker
sollten dort, Sonntag abend, im Freien auftreten. Madame
Dufresne —. Zu ihren Schülerinnen, welche mitwirken durften, gehört eine Bürgerstochter, Fräulein Blanche R., sieb-
zehn Jahre, Gesichtsfarbe von feinster Mattheit, dabei gesun-
des Blut durchleuchtend, fast unwahrscheinliche Augen,
schmiegsam bewegtes Geblüt. Sie verkehrte längst in der Familie meines Hauswirts, als Nachbarskind. Ihr Vater ist Pilot
auf der Seine, führt Schiffe von Paris in die Normandie.
  Er kommt bloß zweimal in der Woche nach Haus.
Anmerkung. — Der Rest in dem Buche »Die Welt im Licht«.

IV.

Später. »Pilzmühle«, Gipfel des Märtyrergebirgs. Das
winzige Häuschen fliegt... oder schwebt. Modelle tanzen
(auch mit Malern). Angezogen wie bei uns junge Töchter aus
gut bürgerlichem Haus; schlicht — mit zartestem Geschmack. Hier Fräulein Alice Flamary getroffen. Ich will
diese Tage festhalten... und alles »Die Welt im Licht« nennen. Warum soll ich nach Hause —?

Erhebung in den Adelsstand

I.

Bin doch wieder in Berlin... Die erste deutsche Zeitung,
die ich öffne —:

Jemand legt sich als Graf Münster schlafen und erhebt sich als Fürst Derenburg. Oder Derenstein; weiß nicht mehr.

Wilhelm der Zweite hat neulich einen Grafen Caprivi gemacht, einen Fürsten Lauenburg gemacht, einen Grafen Bülow gemacht, einen Herrn von Miquel gemacht — und einen Fürsten Derenfels gemacht.

II.

Zeitgenossen, vielleicht werd' ich selbst geadelt. Auf Grund hervorragender Kritiken erhebt man mich in den Edelmannsstand. Ich habe vorhin darüber nachgedacht, was ich dann täte. Kein Schwanken denkbar. Sobald ich Alfred von Kerr hieße, adoptiert' ich einen. Er müßte dafür schwer zahlen. Ich nähme diesen Betrag — und umgehend nach Paris zurück.

Die Hälfte des Kapitals würd' ich einem Mädel, Fräulein Flamary, Rue Victor Massé 26, schenken. Sie ist augenblicklich in der Klemme (dans la purée. Man kann jedoch auch sagen: dans la dèche.) Ich würde von meinen dreimalhunderttausend Mark ihr hundertfünfzigtausend Mark widmen.

Sie ist ein Engel.

III.

Und wenn sie tanzt — im Moulin de la galette, entschuldigen bitte! — so versinkt die Welt. Wenn sie aber nicht tanzt... na —!

Nochmals (alle Cherubim und alle Teufel!!) will ich auf mein Verdienst als dramatischer criticus weisen... Alfred von Kerr... Zum Adoptieren gesucht wird ein älterer Affe mit sichergestelltem Vermögen...

Besuch nach der Sommerreise

I.

Allmählich kommen alle wieder. Die meisten sind noch nicht so nervös; vorläufig.

Man empfängt einen Besuch — und sagt (indes der Atem vor Staunen stockt): »— ich darf mit Genugtuung feststellen, daß du nicht mehr so kribblig bist...«
Dies sagt man zu dem... Gast, der einen besucht.

II.

Beim letzten Besuch vor der Abreise höchste Kribbligkeit. Mißtrauen, leichte Müdigkeit in Blick und Wesen, Neigung zu aufwallend wildem Verdacht, hartnäckig flinke Launen, schmerzlich-vergnügtes Lachen, kleine Tollheit mit Augenauskratzen, zuletzt der reizvolle Tobsuchtsanfall, wenn sich beim Aufbruch der Hut nicht gleich findet. So vor der Abreise.

Jetzt klimpert der Gast ein bißchen auf dem Klavier, wo die von meiner Fahrt mitgebrachten Noten zu alten Liedern aufgeschlagen sind, zeigt lachend alle hübschen Zähne, beschaut eine kleine Büste des Feldherrn Bonaparte, von mehreren Seiten, und spricht: »Wir haben uns dort manchmal gemopst, aber Seeluft ist wundervoll.«

Beglückte Augen, strahlendes Lächeln, Glaube an die Zukunft der Weltentwicklung, Vertrauen in meine Treue, leise Tanzstimmung in der Seele, nette Muskelkraft und zuletzt, wenn der Hut in der Dämmerung gesucht wird, vollständige Gefaßtheit.

III.

So der... Gast, der einen besuchen kommt, nach der Sommerreise.

IV.

Was ist der Mensch?!

Umgoldet kommt...

Umgoldet kommt der Herbst gegangen.
Noch sind die bleichen Tage fern.

Noch siehst du meergebräunte Wangen
　　Bei Wertheim. Und am Großen Stern.

Die Leute kommen von der Nordsee,
　　Das Herz für neue Liebe frei;
Auch diese wird nur eine korze
　　Beglückung werden. Einerlei.

Was wir auch küßten, was verrieten,
　　Der Herbst geht den gewohnten Trott.
Die Kämmerchen sind zu vermieten;
　　Wer wird hineinziehn? Das weiß Gott.

Durcheinander

I.

Vieles, vieles durcheinander... Wieder sind Monate vorbei. Was hat sich alles darin abgespielt — —!

Wirrwarr. Tobetempo. Menschenlabyrinth. Kommt man in dieser Zeit nie zum Stillstand? Immer diese Wut. Immer was unterkriegen wollen. Immer Gebox. Immer Neuem gegenüber. Muß man alle Dinge peitschen?

Viel dabei gearbeitet, mit größter Härte gegen mich. Immer dem Traum in Prosa nachgerannt — der in allen Gliedern sitzt, im Hals klopft, mich anschnauzt: behufs Erfüllung. Immer dem nachgerannt nebst allem andren.

Krach mit tausend Menschen.

Liebe mit manchen. (Und mit einer.)

Gestern beim Nachhausekommen schrieb ich eine »Ballade vom Liebhaber«.

II.

Ballade vom Liebhaber

Weiß Gott, worin ich mich verfing.
　　Weiß Gott, wie heiß ich an dir hing.

Doch aus ist aus! hab' ich gedacht,
  Als deine Mutter in der Nacht
  Mit mir zum Wasser ging.

Das Mondlicht schien mein Herz zu blenden,
  Die Augen hielt ich abgekehrt,
    Die Flut war bang und krank —
  Als das Gebund aus ihren Händen
    Vom Stein beschwert
    Versank.

Das Dasein ist ein fremdes Ding;
  Weiß Gott, worin ich mich verfing.
  War dies mein Sohn? Er weinte sacht
    Und schlief doch — als ich durch die Nacht
    Verstorben heimwärts ging.

III.

Albernster Alb. — Zwischendurch Prozeß mit zwei Musikkritikern; der Bestochenheit durch mich überführt. — Korrekturbogen der erweiterten Doktorschrift, die mir heute ziemlich fern liegt.

Recht bewegte fünf Monate...!

Weltuntergang

I.

Möglichkeiten eines planetarischen Zusammenstoßes wurden für diese Tage von den Zeitungen befürchtet... Jetzt herrscht in Berlin herzliche Freude, daß die Welt nicht unterging.

II.

Blieb' es mir nicht vergönnt, diese Worte zu schreiben, weil ich kein Tagebuch mehr hätte, und keine Hände, und weil ich verhältnismäßig weit vom Schreibtisch fortgeschleudert würde, so daß ich etwan in der Gegend des Sirius kreuzte, oder doch wenigstens stark oberhalb Potsdams — ich wäre peinlich berührt.

Grade jetzt, wo jeder, sei es der Anspruchsloseste und hab' er abgeschlossen mit dem Dasein, sich auf irgendeinen Widerstand in diesem Lande freut und sich herzlich wünscht, wenigstens ihn noch mitzuerleben: grade jetzt wäre das Aufhören aller Steh- und Gehgrundlagen unangenehm.

III.
Es wär' auch sonst schade gewesen, die ohnehin gequetschte Kugel zu verlassen, auf der doch jeder neue Morgen einen seligen Tag verheißt — solange man geliebt wird (selber lieben bringt Schmerzen) und solange man Schriftsteller ist. (»Warum ist ein Mensch«, fragt Jean Paul, »zuweilen so glücklich? Darum: weil er zuweilen ein Litteratus ist.« Hast Recht.)

IV.
Die Welt mag zugrunde gehn, wenn die höchste Stufe der Entwicklung erreicht ist. Aber dann erst. Zeitgenossen, blicken Sie, mit mir, auf den Redner Wilhelm von Hohenzollern: um zu erkennen, ein wie unendlich weiter Weg bis zur Vervollkommnung der Menschheit vor uns liegt.

V.
Gäb's ein Klingelzeichen zur Benachrichtung des Publikums: so könnte der Weltuntergang erträglich sein. Recht verständnissinnig durchlebte man die äußerste, kurze Spanne der Erdexistenz.

In diesem Moratorium vor dem Moriturium könnte der einzelne rasch ein paar letzte Herzensbedürfnisse noch erfüllen, zu dieser oder jener fahren — und folgendermaßen sprechen:

VI.

Leb wohl; ich will dir noch einmal die Hand küssen, ich hab' es lange nicht getan; und da die belebten Wesen in kurzem auseinanderfliegen, so nimm die Gewißheit mit, daß ich dich damals sehr, sehr lieb hatte; und wenn ich dir was abzubitten habe, so verzeih, ich werde es ... nie wieder tun (diesmal ist es wahr); und Schuld hatten wir damals in Irrungen und Wirrungen alle beide; weißt du noch?

> Irrungen, sie kommen nicht vergebens.
> Treiben sie uns auch ins Schmerzensjoch —
> Auf der Hühnerleiter dieses Lebens
> Bleiben sie vielleicht das schönste noch.

Dann würde man sie zum letzten Male leis am Ohr ziehn, wie früher, ihre Hand kosend puffen und sprechen: Glückliche Reise.

VII.

Die Welt ging nicht unter ... so sagt man nicht einmal das.

Nicht einmal die Absicht erfährt sie — die aus dem Sehkreis der letzten Jahre schwand ... und lieblich war, ehe man zu neuem Wahnsinn aufbrach.

Hast du das kleine Buch noch, mit meiner üppig gereimten Widmung:

> »Lies. Es spricht in späten, dürren Zeiten
> Von verwehten, irren Seligkeiten ...«

Die Erde blieb ganz — und du lebst auf ihr langsam zu Ende. Wo?

VIII.

(Aber wenn ich mich damals gebunden hätte, wär' ich verreckt.)

Rudern

I.

Heut vormittag ist meine Stimmung sehr merkwürdig. Schon gleich nach dem Aufstehn um ... Uhr (die Zahl bleibt ungeschrieben) ist im Schweigen des verwunderten Raums dieser Zustand, zaubervoll, sozusagen herniedergeschwebt.

In mir murmelt jemand komische Worte — mit lindem Vorwurf an ein »nachgiebiges Herz«.

Ich horche hin. »Was willst du noch, wenn du die eine liebst. Was wechselst du?«

Aufgestanden, an den Wannsee gefahren; von dort, wie meistens, bis Caputh gerudert. Auf der Rückfahrt in Sacrow angelegt; dort gegessen.

II.

Gegen Abend schrieb ich zu Haus das folgende Gedicht:

> Sie sprach: Laß ab, ich bin nicht dein;
> Nicht Schuld noch Schatten trübe dich;
> Geh weg und hilf mir gut zu sein ...
> Er aber sprach: Ich liebe dich.
>
> Sie sprach: Bekämpfe deinen Sinn
> Und stähle dich und übe dich,
> Treu muß ich bleiben, wie ich's bin....
> Er aber sprach: Ich liebe dich.
>
> Sie sprach: Zerpflücke nicht den Strauß!
> Kämst du, mein Schrei vertriebe dich —
> Sonst wankt mein Glück, sonst wankt mein Haus ...
> Er aber sprach: Ich liebe dich;
>   Ich liebe dich;
>   Ich liebe dich.

Arbeitsteilung

I.

In diesem Winter eine ganze Zahl Gedichte geschrieben. Es war wie eine lästige Vision. Der Stil-Traum für die Prosa bekommt Umrisse. Viel gearbeitet, tagsüber; meist am frühen Morgen. Wenn die Wut nicht abreißt, Nächte durch.

II.

Nur abends in Gesellschaft; wenn möglich nirgends, wo Notable, Künstler, Öffentliche zu treffen sind. Ich empfinde viel stärker den Reiz in zurückhaltend-gefestigten Kreisen von großem, privatem Glanz. (Märchenromantik der Unbelichteten.)

Gesellschaft mit »Namen« ist schon fast: Beruf. Ich wünsche nichts, was an Beruf erinnert. Denn ich war im Beruf immer heute schon erbarmungslos gegen mich.

Hart gegen mich: das gilt für jeden, jeden Tag.

In Gesellschaft such' ich davon Rast: nur Sinnliches. Man geht nicht zur Fortbildung hin.

Auch nicht zur Unterhaltung mit Männern, Männern, Männern. (Geist hab' ick alleene.)

III.

Jetzt ist im Handumdrehn wieder Mai. Aus Neapel zurück. Ich gucke, wie aus einem Fenster, auf Berlin.

Ulkige Stadt.

Werder

I.

Die Leute gehn durch die Straßen von Berlin. Halten in der Rechten einen weißen Zweig. Sie kommen aus dem Städtchen Werder an der Havel.

Dort sprießt und sproßt Maiengesträuch, voll hinreißend märkischer Magie, das ist berühmt in der ganzen Welt.

II.

Birnbaumblüten, Kirschbaumblüten, Apfelbaumblüten singen, zwitschern, flöten, raunen, flüstern, wispern, jauchzen, piepen — melodientief. Bewegt von zarter Luft ohne Müllabfuhrgeruch; ohne Ruß; ohne Küchendunst. Geflimmer im Freien, über dem Wasser der dunkelgrünen Havel. Umgaukelt von Sonne; umschwebt vom Hellblau; umlungert vom Mittagswind.

So Werder.

III.

Am Montag stand auf meinem hängenden Kalender: »Zum eigentlichen glücklichen Leben gehört moralischer Leichtsinn.«

Darauf beschloß ich einen leichtsinnigen Ausflug nach Werder.

Nieder schlug ich alle Bedenken; löste, das Ziel ins Auge fassend, durch nichts mehr beirrt, eine Karte nach Potsdam.

IV.

Wozu es verhehlen, daß bis Potsdam nichts Merkenswertes eintrat.

Ich fand mich als Jüngster in einer Gesellschaft von fünf Personen. In Potsdam gelang es, ein Schiff zu entern. Los!

Bis jetzt war das Glück nicht gekommen. Doch Werder lag noch vor uns.

V.

Dämonen hockten über Baumgartenbrück; Geister über Gaisberg; Furien über Caputh.

In Werder aßen wir Setzei. In einem entrückten, erinnerungstiefen Garten. Hundertjährig, eine graue Mauer schützt ihn gegen Wasserflut.

Die Setzeier blickten wie Augen gen Himmel. Ein Setzei am Rande war wie das Aug' eines Kirchenschänders.

Das Auge schlief in eisiger Erwartung, umwittert von Händen; von Krallen zu Raub und Erdrosselung; schattenhaft.

In totem Grausen lächelte das Aug' des Schurken. Ich schlang's.

VI.

Als wir dann auf die Höhe zogen, schimmernde Baumblüte vom Gipfel zu übersehn, waren sowohl die Wege als auch die Stege besät mit einem großen, linden Reichtum von Ansichtskartenhändlern.

Je näher man dem Gipfel kam, desto mehr zarte Frühlingszweige wippten, zu zehn Pfennig, in den Händen der Verkäufer. Vor der Kuppe trat ein Schnellphotograph uns in den Weg: Er sprach zu mir: »Vielleicht eine schöne Schnellphotographie für Sie und Ihre Frau Gemahlin?«

Meine Frau Gemahlin! Wo sitzt sie, die Künftige! Meine Gemahlin sitzt im Monde. Meine junge Gemahlin sitzt im blauen Monde — sie hat das hellblaue Kleid an, das mit den Mondstrahlen verschwimmt. Ich kann ihren Umriß nicht so genau sehn, wie ich ihn auf Erden sah... neulich in einem bestimmten Augenblick.

VII.

Wir gingen weiter. Auf dem Kamm des Höhenzuges ragte steil, wie abgeklärt, ein Kassenschalter. Eintritt zehn Pfennig. Unten lag das Städtchen, halb auf der Flußinsel, halb auf dem Festsand.

Wohin das Auge sah: Obstbäume, die noch nicht blühten. Es durchzog mich der Gedanke an die mir sympathische Apenninen-Halbinsel.

Als wir beim Abstieg an dem Photographen wiederum vorbeischritten, erwähnte der Mensch aufs neue meine Gemahlin.

Ich dachte (mit Unterblick ihn streifend): » — — — —!!«

VIII.

— — — — — — — — — — — — — — — — — —

Von Werder zurück. Verabschiedet. Wo zur Nacht speisen? In Moabit ist die K... Ku... Kunstausstellung eröffnet. Allein hin.

Ich saß im Park und ging nicht hinein in den Bilderpalast. Ein Philosoph, namens Rollin, oder so ähnlich, ließ um fünf Uhr früh sich wecken, damit er das Behagen fühle, nochmals einzuschlafen. So, als Genüßling, setzt' ich mich in den Park und sah auf die Außenmauer des Bilderpalastes im anheimelnden Gefühl: niemand kann mich zwingen hineinzugehn.

Ich rieb wohlig die Hände.

IX.

Nach einer Weile kam Herr von Osten-Sacken vorüber, Botschafter des Zaren in unsrem Lande. Herr Osten von Sacken sieht aus wie ein zurückgezogener Delikateßwarenhändler, Kohlenlagerplatzinhaber, Phantasiewollartikelagenturgeschäft.

Über seinem Strohhut war das Antlitz der Gattin, welche sehr groß und dick ist und um einen Kopf höher als der russische Zarendiplomat. Sie: eine sechzigjährige Pyramide mit zwei Beinen. Abendwinde wehten rings.

X.

Nichts war zu haben. Hefftersche Würstchen mit einem Klecks Mostrich.

Die Militärkapelle spielt: Wagner. Vier Paar Würstchen geschluckt; ein Abendbrot vorgetäuscht. Verstimmung.

Schlafendes Mondlicht. Tausend Damen schritten dahin; die Füße: gigantische Schatten.

XI.

Zuweilen, wenn man viele Berliner und Berlinerinnen sieht, überkommt mich die Idee: als ob alle Bewohner dieser Stadt von Maurerfamilien abstammten. Von lauter Maurerfamilien.

XII.

Mondschein immer noch.

Meine junge Gemahlin sitzt im Monde. Mit ihrem hellblauen Kleid. Bin höchstens ein paar tausend Meilen von ihr entfernt. Am Abend insonderheit seh' ich sie im Mond sitzen. Ob ich in Werder sein mag, ob in der K... Ku... Kunstausstellung: bin bloß ein paar tausend Meilen von ihr entfernt.

»Zum eigentlichen glücklichen Leben gehört moralischer Leichtsinn.« Kann sein.

Aber andres auch.

Die Pinsel

Ich bin kein Freund von jenen Pinseln, die bald um ein erlittnes Leid in matten Mollakkorden winseln, voll süßer Jammerseligkeit. Nicht klagen will ich noch verzagen; und wenn ich dich nicht haben kann, werd' ich's wahrhaftig auch ertragen.

Man ist ein Mannnn.

... (Na also!)

Moritz

I.

Mein Goldfisch überfraß sich und erkrankte.

Mehr als sieben Ameiseneier pro Tag vertragen diese Viecher nicht. Manchmal schadet ihnen der allzu häufige Aufguß frischen Wassers. Erkälten sich dabei. Möglich, daß Moritz daran gelitten hat. Mein Goldfisch heißt so.

II.

Mir vom Schicksal in die Hände gelegt (im Vorort Gewinnst aus einer Paschbude), während er im Glashaus herumschwamm.

Nach kurzer Beobachtung bin ich zu der Ansicht gelangt: daß Goldfische nicht intelligent sind.

III.

Mein Goldfisch Moritz macht exaltierte Bewegungen. Lacht sinnlos vor sich hin, wenn er unbeobachtet zu sein annimmt. —

Es geht ihm etwas besser.

IV.

Finger ans Glas! — klopf-klopf!
Er schwimmt auf mich zu. Blickt, blickt, blickt mich an.
Ich entferne mich scheu — und will doch sein Bestes.
Moritz! Moooritz'l!

Aus dem Sarg

Wieder bloß gearbeitet. Vier Tage nicht aus dem Zimmer gekommen.

Rhythmus einer Prosa, die man im Hinterkopf hat — aber die aufs Papier will. Läßt nicht locker. Oder man jagt hinterher; etwas zu packen. Ich hab's gepackt. Zweimal in Kleidern geschlafen. Oft schwindet es plötzlich. Dann aber: Geträumtes kommt näher.

Dienstag zum ersten Mal wieder an die Luft gegangen. Wie aus dem Sarg.

Gestern von Potsdam, hinter dem neuen Garten, bis Ferch gerudert. Stundenlang. Am Abend folgendes aufgeschrieben — (Erinnerungsverse, die man »Totenfeier« nennen kann... oder: »Sarg«):

> Am Leben bist du längst nicht mehr;
>   Die Zeit hat meinen Haß gedämpft.
> Wir beide liebten uns zu sehr
>   Und haben uns zu hart bekämpft.
> ...Und ob du mir am Herzen hingst,
>   Es war ein tödlich-tiefer Streit.
> Doch wenn du schluchzend von mir gingst,
>   Sang meine Seele benedeit.

Oft hat in meinem hitzigen Hirn
　　Vor irrer Wut das Blut gestockt,
Da hast du auf beglückter Stirn
　　Den Kranz getragen — und frohlockt.
Schlaf still, du Luder; lang ist's her;
　　Die Zeit hat meinen Haß gedämpft;
Ich lebe noch, du lebst nicht mehr.
　　Du hast dich um den Kopf gekämpft.

Die Balustrade

I.

Und die Welt wird schöner mit jedem Tag. Dabei bleibt es.
Mag auch das Kopfhaar, wenn die Hand hindurchpackt, so
stark nicht widerstehn wie vormals; es ist noch starr und
dicht; — mag vor der ahnenden Prüfung, Besichtigung, Ab-
schätzung der Stätte klar sein, wo der Wald, in soundsoviel
Jahren, spät, einstens, Durchblicke zuläßt...
Die Welt wird dennoch schöner mit jedem Tag.

II.

Wenn ich noch einmal anfangen soll: ich möchte das mei-
ste noch einmal erleben. Auf dem Breslauer Elisabethan
wurde man ja gezwiebelt, das ist wahr, und der Versuch, das
Selbstbewußtsein totzuknicken, mißlang mir durch Zufall —
aber auch dort ist so vieles zum Guten gewesen. Dann die
zwei Semester mit den schlesischen Saufbrüdern. Dann:
Berlin; Anfang der neuen Entwicklung. Dort beginnt mit
zwanzig Jahren die Jagd nach dem Traum. Dort wundersame
Liebschaften, spät, schon über einundzwanzig zum erstenmal ein Weib; nach strengster Keuschheit; dort in der Liebe
seliges Umfassen aller Stände, dort Ergreifen des herrlich-
sten Berufes, den ein Mensch haben kann, und Liebe nochmals, und ein paar italienische Reisen, und ein kurzes Zau-
berdasein im Lande Frankreich, und nochmals Liebe,
Liebschaft, und alle Jahre kehrt Frühling und Sommer wie-

der, alle Jahr' erscheint der Monat Juni, man reist nach Potsdam, man reist nach Sanssouci, man steht am Heiligen See und geht in dem Garten spazieren, wo in schwerem Fliederduft das Marmorpalais aus grüner, regenfeuchter, dampfender, abendlicher Erde steigt — man lehnt über die steinerne Balustrade, blickt über die stille, blasig-laue Wasserfläche, atmet naßwarmen Regenwind, streckt zwei Arme weit aus, und daneben...

III.

Daneben steht in einer Abgesandtin die Jugend, über die Wange weht etwas braunblondes Haar, das sie nicht hinter die Ohren zurückstreicht. Briefträgerstochter!

Und trägt ein Musselinkleidchen, meiner Seel'. Und schweigt; und lacht; und ist leuchtend; und glücklich; und sieht nach rechts; und nach links; und lehnt wiederum über die Balustrade. Und aus dem Haar sprüht Schönheit, Schönheit, Schönheit! Das alles bis zum hundertundfünfzehnten Jahre dauernd fortzuerleben, trag' ich kein Bedenken.

Die Sterne blühen, die Tage rauschen, die Abende wehen. Man lebt auf, ja, gewissermaßen-sozusagen atmet wieder. »Und in Träumen rauscht's der Hain, und die Nachtigallen schlagen's«, äußert in Fis–Dur R. Schumann (-Zwickau). Und allen Gegnern verzeiht man, sie sind ja bloß Hornochsen. Und fühlt eine Armee in seiner Faust und weiß, daß man die deutsche Sprache beherrscht — und fliegt in Seligkeiten. Weiß, daß man die Sprache beherrscht, bleibt mir gewogen. Und ein mildes Gedenken an alten Schmerz. Neue Tröstung in neuer Liebe. Die Welt wird schöner mit jedem Tag.

IV.

Die Zeitung schreibt: »Am ersten Pfingsttag wurden in Berlin sechs Selbstmorde und drei Selbstmordversuche polizeilich gemeldet.«

Die Beunruhigungen des Publikums durch den Todesengel nehmen einen, wie man fachmännisch sagt, nachgrade

kaum noch erträglichen Charakter an — das Reichsgesundheitsamt sollte wenigstens in den Monaten Mai und Juni,
wenn die Sterne singen, die Sträucher süß duften und warme
Regenschauer die Erde küssen, das Gesterb' ausdrücklich
untersagen.

V.

Einer, heißt es, erschoß sich »in der bestimmten Überzeugung, daß ihm seine tatsächliche Unschuld niemand glauben
würde.«

Warum gingst du — Trottel? —, da die Welt doch schöner
wird mit jedem Tag; da es durchaus unsicher ist, was man dafür eintauscht. Ich entsinne mich nicht, wo meine Seele war,
bevor ich zur Welt kam; so werd' ich auch kein Bewußtsein
der Existenz haben, wenn ich alle bin. Aus diesem Grund ist
es angebracht: längere Zeit zu leben.

Und wenn man schon wählen soll zwischen gut leben und
schlecht leben, entscheidet sich mein Herz — darin bin ich
komisch — doch lieber dafür, strahlend und fliegend zu
leben.

VI.

Das sagt' ich auch der Kleinen (sie ist nicht klein!), als sie
über die Balustrade weit über das Wasser sah, der Wind ihr
braunblondes Haar über die Wangen schnob, und die Schönheit in ihr nicht aufhörte, zu singen, zu singen, zu singen —
und als ich zwei Arme nach zwei Richtungen streckte, und
als uns beiden recht himmlisch zumute war.

Hat man je ein kleines Mädchen getroffen, das bei ihrem
Bruder, der noch in die Schule geht, ein theosophisches
Buch liegen sah und den Inhalt halb ernst, halb lächelnd aufschleckt, wie ein lebstarkes Kätzchen; die in Potsdam stürmisch um Auskunft ersucht, ob die Seelen wirklich..., und
wie die Sache ist! Hat jemand je mit so einem kleinen Mädchen in Potsdam über eine Balustrade geblickt? Ich hab' es.

Ah, soll man das Leben vertrauern um Pfingsten 'rum, im
Juni, wenn die Sterne singen und die Büsche duften, oder die

Sterne duften und die Büsche singen? Soll man Tröstung nicht suchen für Bitternisse? Soll man ein dunkeläugiges Geschöpf nicht überwinden durch ein helläugiges? Soll man eine Erinnerung nicht besiegen durch eine Gegenwart?

Ich hab' es. Man soll es.

VII.

— —

In drei Teufels Namen: eine gewisse Zeit hier ist wundersam und zaubervoll und hinreißend und leuchtvoll und selig und magisch und gaukelnd und unergründbar. Um Pfingsten vorwiegend. Es duftet die Blume Jelängerjelieber, und in Italien wächst die Zypresse, und in Potsdam lehnt was über eine Balustrade mit wehendem Haar.

Das Glück.

Das Glück zweier Monate. Briefträgerstochter! Du wirst sein wie diese schweren Tropfen, so ins Wasser fallen vor uns. Ich werde fallen wie dieser Himmelsguß und einstens wegfließen. Doch zuvor wird alles Herrliche zwischen dir und mir gewesen sein — zwei Monat' lang, zwei Monat' lang, wenn die Büsche duften, die Junierde dampft, die Sterne singen.

VIII.

Komm, Kröte!

Felder bei Wilmersdorf

I.

Zwei Monat' lang? — Herbst ist es . . . aber die zwei Monate währen immer noch. Werden die zwei Monate zu Jahren?

Alle Weichheit ist weg. Dem unsichtbaren Überwesen Dank, das mich kutschiert (vielleicht ist es ultraviolett).

II.

Abermals inmitten dieses Herbstes ist ein Frühling ausgebrochen. Meine Feinde sollen über mich triumphieren, wenn ich nicht die Wahrheit sage. Ausgebrochen. Berlin hat ein komisches Klima.

III.

Jetzt rühmt in der Wochenschrift »Nation«, wo ich öfters meine Kritiken schreibe, die Frau Gabillon-Bettelheim grundsätzlich die Jahreszeit Herbst. Stille Weise von des Herbstes wohltuender Herrlichkeit.

Unsinn, meine liebe Gabillon. Etwas als Glück ansehn, was nur Gefaßtheit ist...

Einen Sommer haben Sie vielleicht nicht gekannt, einen Frühling haben Sie vielleicht vergessen — meine liebe Gabillon, meine werte Bettelheim.

Den Herbst erträgt man... wie unsereins imstand' ist, in diesem Leben alles, mit Lindwurmblut gesalbt, zu ertragen — (aber nur zu ertragen).

IV.

Nicht im Herbst: im zufälligen Frühlingsherbst geht man einmal noch über die Felder bei Wilmersdorf, umküßt von verschollenen Lüften voll Weichheit.

Und wenn man in eine Gesellschaft fährt, wandelt man zuvor die letzte Viertelstunde dort mit dem wilden Engel spazieren, Anna, Anna, Anna, welche den wirklichen Frühling einsang, über die Balustrade gelehnt, Anna, Briefträgerstochter — die um sechs Monde älter und um drei Himmelsreiche schöner geworden ist.

Man wandelt in Galatracht... und hört ihre Stimme: »Solche tief ausgeschnittenen Westen, du, sind aber nett!«

Erinnerung an die letzte Viertelstunde macht, daß man hernach wie ein Bräutigam schreitet. Unter Blumen und Glaskelchen klingt wundersam dieser Abendgang nach — und man ist gefeit gegen die kaltgeherzte Tücke lieblicher Gesellschaftstöchter.

V.

»Solche ausgeschnittenen Westen, du, sind aber nett.«

36

Nach Marseille, nach Genua…

Der Winter ist aus. Man geht nach Marseille; nach Genua. Nach Puebla de Hijar. Nach Laubegast, nach Schreckenstein. Nach Avignon. Es flieht der Zauber, der im Abendschein erhellter Räume niedergeschwebt ist. Schöne Haare! Wie ein Dach über den frevelhaften Reizen der jungen Brust. Flammenkelche verblassen. Süßer Wahnsinn in der Ferne. Milde Lüfte wehn; Vögelein singen in Friedenau, in Tempelhof. Einst hatt' ich deine Seele ganz, du kleine Prinzessin im Strahlenglanz. Du flötest: »Ich hab' nach jenen Stunden den Weg zu meiner Mutter gefunden.« Deine Mutter ist ein falsches Weib, sie lebt und liebt zum Zeitvertreib. Einst hatt' ich deine Seele ganz, du kleine Dirne im Strahlenglanz. Musik erklingt; lange nachdämmernd. Mit der Locke steht einer am Pult; mit der Locke sitzt einer am Flügel; eine Greisin kräht: »O hätt' ich ein Wämslein und Hosen und Hut!« Lichter, Menschen. Die A-Dur-Symphonie, in leisem Schritt, mit leise tupfenden Tönen, ruft das Ernste und Gefaßt-Humorhafte unsres Schicksals. Alles versinkt. Schneespaziergänge liegen weit zurück.

Und Du? Ist es verweht, dein wehendes Haar — Briefträgerstochter, leuchtende, freche? Der Winter ist aus. Man geht nach Marseille; nach Genua.

(Hier endet der erste Zyklus.)

Lützow-Ufer

Der Hauswirt

I.

Langsam fängt es wieder an. Es kommt die Kälte. Betritt man am Morgen sein Arbeitszimmer, brennt ein Feuerchen. Mit besonderem, kühlem Glanz leuchtet die Sonne sparsam-zauberisch über Wipfeln der Landgrafenstraße — die man vom hinteren Fenster grade noch sehn kann.

II.

Dem Fenster gegenüber, unten vor dem Atelier, steht in strammer Haltung Bismarck. So wie Eberlein, der Bildhauer und Hauswirt, ihn geschaffen hat. Der Kunststein ist mit den Jahren in Regen und Schnee verwittert. In Kälte und Herbststurm stürzt sich der verwitterte, der entlassene Mann auf sein Schwert.

In Herbststurm und Kälte sind ihm hold verwitternde Frauensbilder nah, die nicht bekleidet ausharren, den ganzen Winter hindurch, in Regen und Schnee.

III.

Oben in der Mitte des Kopfes hat Bismarck ein Löchlein. Genau zu sehn, wenn ich ans Fenster trete. Hoffentlich fließt kein Regen hinein, den alten, weggejagten Kanzler mit schauerlichem Naß innen füllend; und einst überquellend, so daß die Tropfen über die Glatze nach den Augenbrauen sickern; und von den alten, armen, fortgescheuchten Augenbrauen auf den entlassenen, kaltgestellten Schnurrbart.

IV.

Nicht weit davon brüllt ein Löwe, dunkel und verwitternd. Die schon kalte Sonne schmiegt sich an die sonderbar schwermütigen Gebilde; zu ihren Füßen sind braune Blätter gefallen; auf dem Rasen liegen braune Blätter.

Und wenn man hinaustritt, am Ufer entlang zu gehn, watet der Fuß in braunen Blättern.

Es fängt wieder an.

Die Siebente

I.

Im Philharmonischen Konzert macht Nikisch Beethovens A-Dur-Symphonie. Der zweite Satz, der im leisen Schritt mit leise tupfenden Tönen das Ernste, das Gefaßt-Humorhafte menschlichen Schicksals, unsres Schicksals, klingen und singen läßt: dieser Satz müßte jeden Morgen und alle Abend' an einem frei zugänglichen Ort für solche gespielt werden, die nicht mehr in die Kirche gehn.

Jeden Abend und alle Morgen.

II.

Wenn ich ohne Nachkommen sterbe, will ich die zwei Millionen, so ich bis dahin zusammengeschrieben habe, für keinen andren Zweck vermachen als für diesen.

Einmal im Jahr hätte das Orchester sich um die Terrine beziehungsweis Urne zu versammeln, worin die Asche meines in Heidelberg verbrannten Leibes dämmern wird. Dann fangen die Atömchen gelegentlich wieder an zu fühlen, und es regt sich in dem grauweißen Staub eine verschollene, körperlose Stimme, welche spricht:

So war das Leben. Such was life. Telle était la vie.

III.

Der Wirbel schweigt. Die Totenuhr
Tickt stumm den Takt der Kreatur;
    Ein Tupfen nach dem Tosen.
Das Sterbe-Scherzo der A-Dur:
    Choral der Glaubenslosen.

Der Morgen

I.

Wenn die Schaffnerin Eurykleia das Teebrett mit Briefen an die schimmernden Kissen bringt und alle Vorhänge aufzieht, erscheint sie als ein traumwandelndes Gebild aus längst verstorbenen Zeiten.

Und während dieses Gespenst nebenan, im Arbeitszimmer, den Ofen pflegt, hört man, flüsternd, summend, klagend-lustig, noch die Musik von gestern Nacht.

II.

Das Bewußtsein irrt in der Weltendämmerung, wo jemand Fragen und Menschlichkeiten unter dem Gesichtspunkte der großen Verzeihung betrachtet — indem er, fast bewußtlos, den Duft dieses Erdsterns, gemischt aus Lust und Krach, einzieht... und von sich bläst.

Von sich bläst!

III.

Bin heute nicht, wie so oft, früh auf, um zu arbeiten. Sonst meistens. Der Morgen, bloß der Morgen, ist für alles Geschreib das Beste; nicht die Nacht — was ihr auch saget.

IV.

Erwachte heut mit leisem Frösteln. Im Hirn was Prickelndes. Ich glaube nicht im Bett zu liegen, sondern rolle gleitlings durch einen Raum.

... Zuletzt gießt man doch den Tee ein, fällt zwei Stück Zucker — und reißt Briefe auf. (Das Studium dieser ist ein Mittel, auf die Erdoberfläche zu kommen.)

V.

Zorn über zwei gegen mich gedruckte Sätze: das ist Sprungbrett für straffes Tun. Glück über zwei mir geschriebene Zeilen: das ist Beflügelung.

Bleistift!! alle Rückseiten aller Briefe bekritzelt. Alle Kuverts voll. Alle Zeitungsränder voll. Es geht von der Hand. Es fliegt von der Hand.

VI.

Auf!
Im Badezimmer, unter dem Rasierpinsel, quillt eine Strophe.
Dieser Tag wird gut.

VII.

Nebenan schürt und schlurft etwas: Eurykleia.

Tempelbau

I.

Der Bildhauer Professor Eberlein, mein Hauswirt, fordert jetzt für die deutsche Hauptstadt einen Tempel: worin die Besten des Landes einander nahekommen.

Der Bau, von hellenischer Pracht (wohl »hoalb ane Kerche, hoalb a Keenigsschloß«, wie es beim Gerhart heißt) — der Tempelbau, Herr Wirt, ist in dieser Stadt nicht möglich.

Die Selbstbewußtlosigkeit würde zuvörderst solche heranziehn, die statt hellenischer Freiheit buckelndes Ersterben zeitigten.

II.

Was?... Verbindung zwischen Geistigen und hohen Armeemitgliedern wollen Sie? Sucher neuer Weltanschauung — und Werkzeuge feststehender Weltanschauung? (Wo ist die Brücke?)

Man schätzt, Eberlein, liebenswerte Männer in jenen Reihen? Ja! Mit immer der klaren Erkenntnis, daß ihres Wesens Kern die Verneinung des unsren ist.

Der Tempel (»gleich denen Griechenlands, in Granit, Marmor und Bronze«; und »mit Darbietungen edler Musik«, sagt er) — dieser Tempel geht nicht.

III.

Jedoch unbenommen, Eberlein-Wirt, bleibt es, für das Ideal durch Verschönung Ihres, unsres Wohnhauses zu kämpfen.

Seit in meinem Arbeitszimmer vor dem Kachelofen das Blech angenagelt ist, heg' ich zwar keinen Wunsch mehr. Es brennt auch im zweiten Stock die Flamme, während eine Zeitlang — wozu es verhehlen — bloß der unterste Treppenflur hell erleuchtet war. Festglanz ist hierdurch gleichmäßiger verteilt, und Frau Pastor Müller mit Elisabeth, ihrer Tochter (Elisabeth, Elisabeth!), klettert nun die Treppen hinauf, nicht nur mit Sicherung: sondern in Schönheit; griechischer.

IV.

»Darbietung edler Musik«... Wöchentlich dreimal hör' ich im Hofe »Daisy, Daisy!«; vorgetragen von einem Kasten.

Wenn »Daisy, Daisy« beginnt, schlag' ich mit beiden flachen Händen zwei Minuten auf den Schreibtisch. Oder werfe die »Umwertung aller Werte« längere Zeit hindurch an die Wand. Oder Hases Kirchengeschichte. Oder läute mit der Kuhglocke; so ich aus Fiesole (presso Firenze) mitgebracht. Abhilfe möglich: durch Verschluß der Haustür! Wirt! Eberlein! Mittel zur Schönheit!

(Und doch... Leierkastenstimmung ist noch besser als Tempelstimmung.)

Elisabeth

Dein Vater war ein Pfaffe...
    Sein Aug' war hell, sein Herz war rein,
    Er trug ums Haupt einen Heiligenschein,
      Mit dem stieg er ins Ehebett
    Und zeugte sacht ein seliges Kind,
    So blond, wie bloß die Engel sind,
      Elisabeth — Elisabeth!

Dein Vater war ein Pfaffe...
Deine Mutter war ein dolles Blut,
Sie brannt' ihm durch und tat nicht gut;
Dich nahm sie mit, als Amulett.
Die schwarze Sünde blieb ihr Los,
Du aber wurdest licht und groß,
Elisabeth — Elisabeth!

Dein Vater war ein Pfaffe...
Von *seinem* Blut und *ihrem* Blut
Bekamst du was zum Heiratsgut:
Du bist verbuhlt, du bist kokett;
Und doch glaub' ich zu mancher Frist,
Daß du die Mutter Gottes bist —
Elisabeth — Elisabeth!

Wilhelm besucht uns

I.

An unsrem Ufer, da Häuser und Villen aneinanderge-
drängt stehen, war Dienstag große Freude. Der Kaiser kam
in unser Haus. Wilhelm der Zweite.

Wirt ist immer noch Messer Eberlein. Von dem brüllen-
den Löwen und vom verwitterten Bismarck, die vor dem
Atelier dieses Bildhauers stehn, gab ich Rechenschaft.

Hier fuhr der Kaiser vor.

II.

Er fuhr dröhnend durch unsren Hausflur, dröhnend durch
zwei geöffnete Tore, vorbei an einem Löwen, vorbei am Bismarck, bis an ein kleines Boskett.

Von diesem Boskett führt ein Weg von etlichen Metern ins
Atelier; den mußt' er zu Fuß zurücklegen. Er sprang vom
Wagen herab.

Unser Hauswirt und Begas, der »berlinische Michel An-
gelo« bekanntlich, standen grüßend da; Begas im Frack,

mein Hauswirt im Gewand eines Privatmanns am Sonntag-
nachmittag.

III.

Der Kaiser schüttelte beiden Meistern die Hände; während
das ganze Haus, Frau Pastor Müller, Madam Rohr, Frau
Klatt, Dr. Siemering, ich, elftausend Jungfrauen dienenden
Standes und der kleine Willy mit einer Soldatenmütze teil-
nahmsvoll zuschauten.

Dem Begas schüttelte der Kaiser die Hand ungemein kräftig; er schwenkte seinen Arm beinah. Ich dachte: wenn er mir
die Hand so kräftig schüttelte, weh tät' es mir.

IV.

Kaiser Wilhelm sah recht angegriffen aus; die Gesichtsfarbe schien gelblich. Hatten sich Reisestrapazen in diese
Züge verfurcht? (er reist so sehr). War es die Fülle der Regie-
rungsarbeiten? Oder die Ermüdung der letzten Jagd? Wer
will's wissen. Genug, seine Wangen hatten nicht die Leucht-
kraft wie auf Bildern. Es schien auch in seinem durchaus
freundlichen Wesen etwas Befangenheit zu liegen (selbst dies
auffallend kräftige Händeschütteln wirkte gleich einem leisen Ausfluß von Befangenheit).

V.

Von den zwei Meistern gefolgt, schritt Kaiser Wilhelm die
vier Meter vom Boskett zum Atelier dahin.

Elisabeth, einzige Tochter der Pastorin, goldblond, ma-
donnenhaft, achtzehn Jahr alt, schalksam und weich, drängte
sich ein bißchen vor. Rohrs lagen im Fenster, die ganze Familie. Die Pastorin schritt vorwärts, mit Entschlossenheit (es
dünkte mich, daß der eherne Leu vor ihr furchtsam den
Schweif einzog).

VI.

Indes der Kaiser, von den Meistern immer noch gefolgt,
einherging, blickt' ich ihn an, aus nächster Nähe.

Dieser Mann, dacht' ich, welcher die vier Meter vom Boskett bis zum Atelier entlang wandelt, hat die Zukunft Deutschlands bis zu einem gewissen Grad in der Tasche. Man könnte sogar sagen: die Zukunft Europas. Bis zu einem gewissen Grad...

Ich sah ihn schweigend an und dachte solches, während er Elisabeth (Müller) grüßte.

VII.

Eine ältere Dame mit einer Handtasche hatte sich aber an das Haustor gestellt. Und als der Kaiser in zwanzig Schritt Entfernung, den Rücken ihr zugewandt, einherging, machte sie dennoch einen tiefen Knicks. So daß ich meinte, sie würde sich auf die Erde setzen. Die Dame rang sich dennoch hoch. Es gelang ihr noch einmal, emporzuschaukeln, ich freute mich dessen. Man kann wohl sagen: wir alle freuten uns dessen.

VIII.

Als er nachher davonfuhr, unser Kaiser, fesselte die Teilnehmer des Hauses ein Vorgang. Er hatte sich kaum in den Wagen gesetzt, da stürzte — stürzte, sag' ich — ein Riese auf ihn los. Hollaho, dacht' ich, er ist der mächtigste Mann in Europa, warum stürzt dieser Riese auf ihn los? Seltsame Gedanken schwirrten durch den Kopf. Doch gleich merkten wir, daß es sein Leibdiener war. Der Amateurapparat des Doktors Siemering hatte schon zu wackeln begonnen.

Niemand ermißt aber die Geschwindigkeit, mit welcher der Leibdiener-Riese jetzt die Beine seines Herrn einwickelt, in eine Pelzdecke. Er stopft, fieberhaft, arbeitet, eins, zwei, drei, rechtes Bein, linkes Bein, Mitte, fertig. Der Adjutant trabt zu Fuß vor die Hausfront, um rechtzeitig in seinen Wagen zu kommen. Die zwei Polizisten vor dem Tor raffen ihre Muskeln. Unser Kaiser fährt von hinnen.

Rohrs grüßten vom Fenster. Elisabeth blinzte mit den Augen, von der Sonne geblendet.

— — — — — — — — — — — — — — — — —

Rohrs sind ziemlich zahlreich. Was die Mutter ist, Madam Rohr, so läuft ein Gerücht um, daß sie durch Balken sehn kann. Wenn man ausgeht, wenn man heimkommt: es ruht ihr Auge, hinter den Gardinen, mit einem Luftdruck auf dem Schreitenden. Es vergeht keine Stund' in der Nacht, sie wacht.

Selbst das weiß sie, was nicht geschehn ist, aber doch geschehn könnte. Mit Gaben reich bedacht. Auch ward ihr Beredsamkeit verliehen. Frau Pastor nennt sie »die Rohrsche«. Ich begreife nicht, wie man diesen Ausdruck wählen kann; ich sage immer: die liebe Frau Rohr.

X.

Die Pastorin und die Rohrsche haben sich mal furchtbar gezankt; daher. Düstere Zwiste zerfressen die Eingeweide dieses vom Kaiser besuchten Hauses.

Unten im Keller wohnen zwei Familien. Ein Tischler — das Oberhaupt der einen, Mallon genannt; der Chef der andren ein Pförtnerich. Diese zwei Männer haben nichts zu sagen; die Gemahlinnen alles. Einst aber spielten der Knabe der Pförtnerfrau und der Sohn der Tischlerin. Ein freundlicher Mensch bot ihnen zwei Häuflein Kirschen an, von denen das eine klein und vortrefflich, das andre groß und minder trefflich war. Der Portierjunge griff nach dem kleinen und guten, der Mallonsche wählte das andre. Siehe, als die Pförtnerfrau solches erfuhr, sprach sie zur Tischlerin: »Das ist eben der Unterschied zwischen uns, mein Sohn weiß, was fein ist — Ihr Sohn jiepert nach de Masse!«

XI.

Allen im Haus ist dieser Vorgang bekannt. Gleich den Guelfen und den Ghibellinen sind zwei Kellergeschlechter seitdem verfeindet. Möglich, daß in späten Jahren der Verwandtschaft zarte Bande sie zu einem ewigen Frieden führt; des mächtigen Pietro Schwestersohn, Fernando, die göttliche Mathilde, Colonnas Tochter, gekürt, dies schöne Band der Einigkeit zu knüpfen...

XII.

Ich aber sage dieses: Meine Lieben alle, im ersten Stock, im zweiten Stock, im dritten Stock und sonstwo — wenn ihr noch einmal allerhand Dinge munkelt, die nicht gestogen und nicht geflogen sind: so will ich mit einem Huiii zwischen euch fahren, daß ihr die Engel singen hört. Ich frage die deutsche Dichterschaft, ob man sich Munkeleien über die usw. gefallen lassen muß.

Ha, wozu schreibt man einen Stil, einen Strahl, wenn man sich öffentlich nicht beschweren dürfte. Nehmt euch in acht, alle miteinander!

Schönes, falsches Ideal

I.

Es ist recht warm. Man fühlt, daß die Hundsposttage gekommen sind. Ich meine natürlich: Hundstage. Von Hundsposttagen redet mein Jean Paul. Ich denke nicht dran, auszustreichen! Bei der Temperatur nicht!

II.

Man fühlt also, daß die Hundsposttage gekommen sind. Jetzt hab' ich mich wieder verschrieben — ist es zu glauben! Hundsposttage sind jene Posttage, im »Hesperus«, an welchen ein kleiner Hund dem Dichter Jean Paul Romanstoff in einer Kürbisflasche bringt. (Der Schalkhafte tut so, als ob er den Stoff zum »Hesperus« auf diese Art, ratenweis, empfangen hätte.)

Ach, die seligen und seelenvollen Wunder dieser Hesperuswelt steigen empor; lang schweigende Erinnerung wühlt noch einmal verzaubert in so einem tiefmenschlichen Reich kämpfender Hoffnung, süchtiger Zuversicht, lächelnder Menschheitsliebe, neckender Innigkeit...

III.

Man springt auf, hüpft zum Bücherregal, setzt sich auf den Boden, zieht ein durchgilbtes Bändchen vor: das zerrissene, zerlesene, mit Bleistiftausrufen bedeckte, das teure, das man in einsamer Studentenzeit einsam vergöttert hat.

Und aus den Seiten weht der alte Geist des größeren Bayreuthers.

Ihn zuerst hat man zu nennen, wenn von dem Städtchen die Rede ist. Nicht den Musik-Agitator, der voll begeisterter Schlauheit und trunkener Gerissenheit ä säcksches Nazjenaalheiligtum fingerte.

Die Tristan-Chromatik: unsterblich, als Klang. Aber eine Bestie bleibt er doch.

Seltsam: hier in der Einsamkeit erwürg' ich in Gedanken oftmals Dinge dieser Gegenwart, die, gleich ihm, herrlich als Erscheinungsschauspiel sind: aber hemmend für den Emporgang dieses herumirrenden Sterns — nach meinem Gefühl.

Bismarck und Nietzsche gehören leider hierzu.

IV.

Der Dichter der Fünfundvierzig Hundsposttage und andrer Lebenswerke, die vergehn werden, wenn der Begriff Deutschland eine verschollen-komische Episode ist, aber nicht früher: dieser Dichter hofft (auf der extra vergilbten siebzehnten Seite), es werde doch ein andres Zeitalter kommen: ein lichtes. Mein liebreicher Freiheitsdränger sieht ein Jahrhundert vorher, das auf dem Abendtor die Inschrift zeigt: hier gehe der Weg. Dieser große Hoffende, der für eine... nicht politische, sondern menschliche Demokratie, wie sie über kurz oder lang doch eintritt, innigster Vorkämpfer gewesen ist, der überquellendste Prophet, der Zukunftsheilige deutscher Freiheitswelten — er zögert nur ein bißchen, wenn er mit ernstem Lächeln ruft: »Aber noch streitet die zwölfte Stunde der Nacht: die Nachtraubvögel ziehen; die Gespenster poltern; die Toten gaukeln, die Lebendigen träumen.«

V.

Hundert Jahre sind verflossen seitdem. Ungeheurer Fortschritt in stofflich-mechanischen Dingen. Anscheinend größter Rückschritt im vorwärtspeitschenden Ethos.

Hundert Jahre nach der französischen Umwälzung dies Dreyfus-Frankreich von heut. Hundert Jahre nach großen deutschen Lichtbringern ein allgemein-europäisches Bismarck-Ideal; Blut- und Eisen-Ideal; mit angenehmer Aussicht auf Militärdespotie.

Hundert Jahre nach der reinen Vernunft: Philosophastereien eines magenkranken Mannes, der vor Schwäche umfiel — und das Ideal der Starken aufstellt; der zerrüttet durch Schlafmittel ein tänzerisches Ideal aufstellt; der ein Nazarener war ... und ein hellenisches Ideal hißt; der ein verzweifelt Kreischender war — und heitere Ruhe lehrt; der ein Schlotternder war ... und siegreiche Überlegenheit setzt; der, noch vor offiziell ausbrechendem Blödsinn, Richard Wagner befehdet — aber zugleich gewisse Methoden des Leipzigers zum eignen Nutzen verwendet; vielleicht allerdings hatten sie das beide vom Schopenhauer stibitzt.

VI.

Halt! nicht zu heftig!

Ich staune, wie brennend ein solches Gefühl heut-verbotenen Inhalts oft in mir ausbricht.

Ja, die Deutschen haben der Welt die neue Musik gegeben, die neue Politik, die neue Philosophie. Und wenn man die drei Vertreter betrachtet, Wagner, Bismarck, Nietzsche, hier nach dem Gemeinsamen forscht — so läßt sich leider nicht verhehlen, daß ein Zug ihnen gemeinsam ist: dem Wagner, dem Bismarck, dem Nietzsche. Ein Zug, der sie nicht bloß etwa von der stillen Größe einer goethischen Tassowelt (o nein, das ist schöne Treibhausluft): sondern von umfassend-moderner Menschenkultur überhaupt trennt.

Selbst von der blutigen Großmut der französischen Umwälzung, von dem gradlinig-heroischen, grausamen Edelmut jener Tage sind sie ja geschieden.

VII.

Der Türmer Jean Paul, der Mondbestrahlte, dessen mildes Aug' nach dem Edel-Neuen am Horizont späht, rief zaudernd mit ernstem Lächeln damals: Noch streitet die zwölfte Stunde der Nacht, die Nachtraubvögel ziehen.

Heut, um die Jahrhundertwende, ziehn sie erst recht!

Ich sage euch: es ist mehr Beethoven nötig in der Welt. Tritt herfür, Einziger, zeig' wieder den Menschen, wie Riesengröße denkbar ist mit dem neuen Sinn der neuen Zukunft — glänziger Tierschönheit entrückt. Sie haben's verlernt. Einer, oder ein Schwarm, soll zweibeinigen Instrumenten jetzt ein Mal für alle zurufen:

Ihr Freunde, nicht diese Töne! Sondern laßt uns angenehmere anstimmen und freudenvollere!

VIII.

Vor solchem Finale, dessen Melodie in der Ferne stärker schon erbraust, verstummen schließlich drei Idealgötzen dieses seltsam großen, seltsam wilden, seltsam irrenden Jahrhunderts: der chloralschwache Übermensch; der musizierende Nationalspekulant; der Blut- und Eisenherr — der verhandelnde Zuschriften in der Kürassieruniform abfaßt.

IX.

Für Deutschland war dieser Letzte so viel; doch weniger für die Welt. Der andre, welcher seine »Philosophie« unter dem Einfluß dieser Gestalt formt, ist ein schauderndentsetzter Poet. Und des Dritten Ewigkeitswerk vom Tristan darf niemals wegzudiskutieren sein.

Immerhin: mehr Beethoven!

X.

——————————————————————

Damit schob ich den Band Jean Paul wieder ins Regal. Es fiel mir ein, daß ich etwas ganz andres hatte zu Papier bringen wollen.

Wie man vom Weg verdrängt werden kann, wenn die Feder das Wort »Hundsposttage« schreibt statt »Hundstage«.

Heilande werden gesucht

I.

Mit jeder anbrechenden Nacht rückt der Punkt näher, wo die große Einkehr zu halten ist: um die Jahrhundertwende. Bald erscheint die Zahl 1900.

Der Wahnsinn und die Glorie dieser Zeit steigen herauf, beide hart nebeneinander; die Größe, zugleich die Bestialität; Fortschritt und Servilismus; machtvoller Gedanke der Freiheit, Zauber technischen Könnens, listige Lüftung stiller Elementargeheimnisse, Verfeinerung und Erhöhung der Menschlichkeit, Verbreitung der ethischen Idee; — auf der andren Seite: stärkste Machtanbetung aller Jahrhunderte; zum mindesten die bewußteste aller; die erste Philosophie der Machtanbetung; die Herrschaft des Säbels... und noch über dem Säbel die Vergottung des Geldes.

Himmel und Erde heut erfüllt vom Triumphlied des mobilen Besitzes — — aus der Tiefe steigt das Gebrüll der Unbeteiligten, der Ausgeschlossenen.

So ist meine Jahrhundertwende.

II.

In dieser Zeit atmet man tiefer: doch scheint beim Atmen der Hals zugeschnürt.

Heilande werden gesucht.

III.

Man weiß nicht mal, ob gutgenährte Kaffern als die höhere Menschengattung zu betrachten sind oder bleichsüchtige Denker. Man weiß nicht, welcher Typ der willkommnere sein soll: gesunde, vertrauensvolle Esel, die im dunklen Drange sich des rechten Weges bewußt sind — oder nervöse, zartbeleibte Kampfnaturen, die von der Flamme des eignen

Herzens verzehrt sind ... und am frühen Schluß ihrer Tage
dennoch von einer so unvollkommenen Welt Abschied
nehmen.

Alles blüht und alles rast.

IV.

Heilande werden gesucht.

Bismarck stirbt

I.

Am Sonntag morgen wußte man, daß er tot war.

Ein Erstaunen packt mich — auch wenn ich nicht will. In
dieser Minute fühlt man, mag eine Art Haß die Grundstim-
mung wider ihn gewesen sein, was man grollend an ihm geliebt hat.

Aber —: feststellen, was ist.

II.

»Ein Tag der Volkstrauer war über Berlin hereingebro-
chen«; stand in der Zeitung; Unwahrheit.

Niemand, der sich durch sonntägliches Gewühl schlän-
gelte, hat eine merkbare Veränderung ehrlicherweise wahr-
genommen. Es war wie an allen Sonntagen. Man soll als an-
ständiger Mensch nicht verheimlichen, daß in Berlin stramm
getanzt worden ist an diesem Tag.

Wir saßen im Ruderboot auf der Oberspree, legten an. Es
war windig. Alle Biergärten zum Brechen voll. Und getanzt
wie verrückt.

Wir sahen eine Weile zu; konnten es drin vor Staub nicht
aushalten. Das geschieht, sprach ich, am heutigen Tag; die
Menschen sind erholungsgierig nach der Wochenarbeit —
oder sie kümmern sich nicht viel um den Toten; oder beides.
Und es sind Bürgerschichten, nicht etwa Dienstmädel und
Füsiliere, die da tanzen ... Der Monarchismus ist in
Deutschland so ausgebildet, daß immerhin beim Tod eines
Potentaten mehr äußere Wirkung zu spüren wäre.

III.

Feststellen, was ist.

Der Monarchismus hat die Komitragödie dieser Gestalt heraufgeführt. Eine neue Stellung wider diesen Begriff zu offenbaren, war er nicht jung genug…

Zu offenbaren: denn ob die neue Erkenntnis ihm zum Schluß erst aufging oder ob sie ein Leben lang im verschwiegenen Herzen schon bestand, ist zweifelhaft. Nicht zweifelhaft ist eins — (der Tote will nur die Wahrheit) —: daß sein Monarchismus unklar oder unecht gewesen ist, ein Leben lang.

Alles, was er tat, tat er für seinen kaiserlichen Herrn. Bei allem, was er tat, war das oberste Augenmerk auf den kaiserlichen Herrn gerichtet. Das monarchische Prinzip über alles. Noch auf dem Grabstein nichts andres als ein Diener des kaiserlichen Herrn. Und nur die Kleinigkeit, daß der Diener stets seines Herrn Herr gewesen, wurde schlicht übergangen.

IV.

Feststellen, was ist.

Als ein König dann seinen Willen nicht mehr tut, hört er auf, bedingungslos monarchisch zu sein. Es war zu spät. Wilhelm der Zweite zog schließlich nur die Konsequenzen Bismarckscher Grundsätze. Der nicht mehr als ein Diener sein wollte, wird als Diener aus dem Dienst kommandiert. Der sich als Diener selbst bezeichnet hatte, wird von Wilhelm gleich Handlanger mit herzhafter Deutlichkeit genannt.

Weil er keinen modernen Staat im Auge gehabt, sondern eine Machtsteigerung der Monarchie: deshalb konnte jetzt ein in der Macht gesteigerter Monarch ihn spazieren schicken; auf die Art, wie es geschehn ist.

V.

Und hier in dem Deutschland, das Bismarck vorbereitet hatte, durften die Gegner solcher Maßregel nicht mucksen. Das geht mir am meisten nah.

Angeblich ist er der Heros des ganzen deutschen Volkes — dies »ganze« Volk rührt keinen Finger. Man hätte ja demonstrieren können; in hundert Wahlkreisen ihn aufstellen, in allen hundert ihn wählen: das wäre gegen die Entlassung ein Wuchtwort gewesen von der Macht eines Volksgerichts. Der »größte Deutsche« (manche erklären ihn dafür) wäre nicht so belanglos, klanglos, sanglos als ein Verabschiedeter seines Wegs gehumpelt.

Daß dieses Wegziehen möglich war — so möglich war, hat Bismarck als Erzieher bewirkt: der das Selbstbewußtsein der Einwohner klein hielt...

VI.

Hätte dieser hineingefallene Tatmensch heut, nach den letzten acht Jahren wilhelmischen Regiments, noch einmal jung sein können: er wäre mit neuen Grundsätzen auferstanden.

Doch es gibt keine Auferstehungen... Vielleicht nach dem Tod? — Aber zuerst kommt der Tod.

VII.

(So schrieb ich heut, am Sterbesonntag mit Tanz, ins Tagebuch.)

Die Schreiberin

I.

Meine Schreiberin ist nach Schreiberhau gereist. Ich sitze heut auf dem trocknen. Bin voll von etwas Langem, das aufs Papier will.

Selber schreiben ist böse. Beim Diktieren räkelt man sich auf einem Stuhl, raucht zwei, drei, vier, fünf Zigaretten und benimmt sich als freier Schentelmeng. (Meine Studentenwirtin von einst: »Herr von Pistorius war auch ein Schentelmeng, er ritt früh spazieren.«)

Man räkelt sich, schließt die Augen oder starrt auf eine Blumenvase, spricht vor sich hin die Sätze, die einem einfallen, und das Mädchen tippt sie; ihr Geklapper dringt nicht ins Herz, man fühlt sich als ein Seher; Maiensträuche wachsen im Hirn, die Remington-Tippung verschwimmt in sturmgefriedeter Ferne, man beugt den Kopf hintenüber in den Nacken, als ob man sich dort beißen wollte, bläst Rauch empor, streckt Arme aus und macht auch sonst, wozu man lustig ist. Bisweilen fragt man die Schreiberin, ob sie vielleicht wisse, was in der Welt gegenwärtig los ist.

Früher aß ich bei jeder längeren Kritik sechs rohe Eier; oben und unten diese von einem Stecknadelstich durchbohrt.

Jetzt hab' ich sie über.

II.

Meine Schreiberin ist nach Schreiberhau gereist... Selber schreiben ist gemein. Körperliche Arbeit; festsitzen; Behinderung des Gebärdenstils, der Gymnastik, des bequemen Ringe-Rauchens; Verlangsamung des Fluges; Ausschluß geselligen Verkehrs während dieser Arbeit...

Im Ernst. Diktieren ist —: eine Muskelkontraktion; eine Bewußtseinszusammendrängung, von tiefster hypnotischer Gespanntheit. Wie darf einen da Buchstabengeschreib ablenken?

Was ist eines Schriftstellers Arbeit? Aufgezeichnete Stichworte; Muskelstraffung; Diktat... Meine Schreiberin ist nach Schreiberhau gereist.

III.

Das China-Unglück hat Reden des Kaisers zur Folge gehabt. Er sprach vom »Wellenschlag des Ozeans, der an unsres Volkes Tore pocht«... gleichviel wo das Volk seine Tore haben mag. »Aber der Ozean beweist auch, daß ohne den deutschen Kaiser keine große Entscheidung mehr fallen darf.« Es »darf« nicht, hat er gesagt.

Liebe Freunde (singt Schiller), es gab schön're Zeiten — als die unsren, das ist nicht zu streiten! Blut wird fließen (sagt das Kommersbuch) knüppeldick. Das Jahrhundert ist im

Sturm geschieden (sagt wiederum Schiller), und das neue öffnet sich mit Mord!

IV.

Wie wird man jetzt los, was aufs Papier will? Sie ist nach Schreiberhau gereist.

Das Mädchen erlustigt sich dort; ich soll mir die Finger krummschreiben.

Alles Gedachte trag' ich weiter in mir.

Morgen platzt man von der nicht ausgeschiedenen Vollgestopftheit — oder ich telephoniere nach einer andren.

V.

Wäre der Mensch nicht so infam an diese gewöhnt.

Die andre Schreiberin

I.

Mit der in Schreiberhau bin ich fertig. Diktiere nun (seit langem) einer zweiten. Es geht gut. Und heut ist etwas von ihr zu melden.

Ein Sterbefall.

Er trug sich in der Wohnung eines Hauses zwischen dem Westen und Schöneberg zu. Er betrifft eine Unbekannte, so in diesem Tagebuch zum erstenmal erwähnt wird und zum letztenmal.

Das Fräulein ist gestorben.

Sie konnte niemals zu mir kommen; ich mußte jedesmal rasch hin. Doch sie blieb immer für mich bereit.

II.

Sie erkrankt, inmitten der Influenzaseuche. Am Sonntag, als ich auf der Müggel ruderte, war sie schon tot. Es geht manchmal rasch.

Die Schwestern erzählten mir, daß sie in Fieberdelirien des verlöschenden Daseins noch vom Diktat und von der Absendung meines dramaturgischen Aufsatzes phantasiert hat.

Sie war nicht mehr jung, ganz nerven- und fast körperlos. Bei öden Referendararbeiten und historischen Abhandlungen erschien ihr manches, durch dessen Niederschrift sie aus ihrer Abgeschiedenheit einen fernen Blick in das Leben tun konnte, nun wie Erholung.

Sie schrieb es gern; liebenswerte Züge, die über bloße Pflicht hinausgingen, konnte der Verfasser in wechselnder Stimmung erfahren.

III.

Zuweilen, wenn etwas freiheitlich und gütig klang, gab sie still erglühend in einem zurückhaltenden, leisen Wort ihr Einverständnis. Und als eine Inschrift vom Friedhofstor der Freireligiösen angeführt wurde — »Macht hier das Leben gut und schön, kein Jenseits gibt's, kein Wiedersehn« —: da sprach sie wie selbstvergessen mit erbrennendem Blick von der Schönheit dieser Worte.

Sonst ging sie nie aus sich heraus.

IV.

Da sie im Sarge lag, ließen ihre Schwestern sie photographieren. Maiglöckchen und weiße Rosen trug mein Kranz.

Der Mensch, vom Weibe geboren, lebt kurze Zeit und ist voll Unruhe. Nehmet das Blut des Lammes; bestreichet die Pfosten der Tür und die oberste Schwelle: auf daß der Engel vorbeigehe noch lange an unsrem Haus.

(Hier endet der zweite Zyklus.)

Unterbrechungen

Dachgesang

I.

Berlin wirkt auf die Dauer, wie mir scheint, stumpfsinnig.
Doch mit Unterbrechungen.

Mit Unterbrechungen... Bei einem Freunde. Bildkneter.
Villa, draußen, in italienischem Osteri-Stil, auf halb sandiger
Erde, rings Fichten und Kiefern. (Was aber doch einen gro-
ßen, schwer bestimmbaren Reiz hat.)

II.

Wir spielten bis zum Abend Boccia. Speisten auf der Ve-
randa zur Nacht.

Was gab's? Sardinen, Roastbeef, Eier; wir dalberten und
schrien im Chor; sie lachten stark, Professor Meyer — es hallt
mir heute noch im Ohr...

Nachher im Garten saßen wir auf strohgeflochtenen Di-
wanen, Rohrstühlen, spartanisch härtenden Holzbänken.

Meyerheim erzählt von bunten Eindrücken in Ägypten-
land und von drei Orang-Utans im Zoologischen Garten.
Der Hausherr (diese rote Zigarre, nächtlich im Dunkel glü-
hend) sieht still über das Gras nach seinem Löwen hin — der
immer noch die Riesenpranken strafft.

III.

Da bekam ich den Einfall, auf das Dach zu steigen. Ich
teilte den einer jungen Sängerin mit. Ihn erfaßte sogleich der
impressionistische Maler Lesser Ury.

Wir stiegen, wir drei, die Treppe hinan, zum kleinen Turm;
traten hinaus auf die Plattform. Die war ganz mit Moos be-
wachsen.

Unten hier und da elektrische Lichter. Bewegtes Feld von
Baumwipfeln — (diese Kiefern, die sich zu ebener Erde ruppig ansehn, haben von oben wirklich den Charakter von

63

Bäumen, was man nicht glauben sollte). Ja: ein nachtgrünes Heer.

(Weiß-bläuliches Licht aus dem Himmel. Wolkenzüge warfen jetzt noch feine Schatten. Licht und Schatten fiel auf uns.)

IV.

Der kurze Impressionist hatte sich gekauert; maß mit vorgestrecktem Arm Größenverhältnisse: für eine geahnte Farbdichtung. (Er kann's nicht lassen.)

Das Mädchen, in ihrem langen, herabhängenden, weißen, schlanken Kleid, so nur in der Nähe des Gürtels eine Spur von schwarzem Samt zeigte, stand am Geländer — wie gelähmt von dem Blick ringsum.

Ich konnte nichts tun als sie ansehn.

V.

Nach einer Weile kam es von ihren Lippen durch das Dunkel:

»Du bist die Ruh...«

In der Ferne dazu ein Blechorchester, doch schon verhallt in der Luft. Dann... still.

Man hörte tief im Garten die Gäste auf den Strohdiwanen plaudern. Die bemerkten uns oben. Riefen hinauf, das Fräulein solle doch ein Volkslied singen.

VI.

Sie trat wieder an den Rand des Daches — und sang, ohne langes Gesperr, indem es was Schlichtes war, mit ihrer herrlich dunklen Geigenstimme... »Ich weiß nicht, was soll — —«. (Ganz ungekünstelt.)

Wieder stand ich da; wußte nichts als die Sängerin anzusehn. Auch nachher. Soweit noch das Licht es zuließ.

L. Ury (er hatte vor Jahr und Tag eine Zeit in Brüssel gelebt) sprach sein rätselhaftes Wappenwort, seine gewohnte

mystische Leib-Redensart: »Tiens-tiens, tatá, titatúmmın!«
Auch hier verstand sie niemand.

Später gingen wir zurück zur schmalen, dunklen Stiege
nach dem Treppenhaus. Er klomm voran.

VII.

Die Sängerin und ich folgten.

Lotte

I.

Zugvögel. Menschen auf der Durchreise. (Wären sie doch
alle, alle: Zugvögel!)

Man tritt um neun in ein Empfangszimmer. Rings Armsessel riesenhaft. Jegliche Dame müht sich, wie das Bild
»Miß Katharina Grant« auszusehn. (Meterlangschwarze
Handschuh' auf hellem Kleid; aber manchmal sind es weiße
lange Handschuh'.)

II.

Da sieht man auch den Zugvogel sitzen. Frankfurtammai-
nerin, oder sowas. Die fühlt sich einsam in dem großen
Armsessel; aber auch sie spielt ein bißchen Katharina Grant.

Doch eine deutsche Erinnerung steigt auf. Nichts Eng-
lisches.

Das Kleid am jugendlichen Hals etwas ausgeschnitten, mit
sahnefarbenem Spitzenjabot, das Haar aschblond, das liebe,
feine Gesicht zurückgelehnt: so sitzt die Person im Armsessel. Neunzehnjährig.

Aus dem achtzehnten Jahrhundert entlaufen. Nein: sie ent-
schlief am dreißigsten September 1799 und stand erst am ersten Oktober 1899 wieder auf.

III.

Zum Glück ist sie großherzig — und hält einen nicht für
verrückt, da man beim Niedersitzen im Eßzimmer als erstes
Wort zu ihr sagt (mit leiser Stimme):

65

»Lotte!«
Sie hat es schon öfter gehört und lächelt.

IV.

Ihr Vater ist Professor, im neunzehnten Jahrhundert. Sie erzählt mit einem feinen, lieben Lächeln von den Tennis-Turnieren im Palme-Garte...
Lotte! sag' ich.
In allen Gesprächen lügt sie mit großer Kälte. Herrn Amtmann Buff; auch den Doktor Goethe verleugnet sie. Will damals überhaupt nicht herumgegangen sein.
So verdorben. Immerhin.

V.

Lotte!...

Manja

I.

Gestern abend bei Tisch war meine Nachbarin eine stille verheiratete Person, mit sehr blassem Teint, schlichten Zügen und goldrotem Haar. So wahr ich hier sitz' und ins Tagebuch schreibe: nicht anders sah sie aus, als ich soeben gesagt.
Einmal war mir, als riefe sie der strotzend hochgewachsene Gatte: »Manja!«

II.

Manja? Inmitten dieses Berliner Westens fegt mein Zufall eine einsame Polin her. (Rings wurde berlinisch gedalbert; sie konnte mir leidtun.)
Es gibt ja im Westen mehrere Polinnen, doch anfechtbare. Je länger sie hier sind, desto gebrrrrrochener wird ihre Sprache.
Das geht nicht mit rechten Dingen zu.

III.

Die aber war echt. Sprach nur mit ganz leisem polnischen Akzent. Und nicht von der weichen Sorte; vielmehr von der ernsten Sorte. (Ganz unbewußt nur von einer würdigen, einfachen Melancholie; wie ein bißl Traum im Augenstern.)

IV.

Während berlinisch breitgequatscht wurde, sprachen wir von polnischer Musik; sie hatte die Liebenswürdigkeit, mit leiser Stimme, immer halb unbewußt, jene Melodie mir vorzusingen, welche der Polen eigentliche Nationalweise bildet. Sie entstand in der Revolution; in den dreißiger Jahren.

Nicht die nationale Mazurka auf die Worte »Noch ist Polen nicht verloren«. Sondern es ist ein ernster, weicher starker Gesang, der mit dem Namen Gottes beginnt.

Eine Trauer zieht unvergeßlich durch diese Töne, voll Verlangens, und steigt in den katholischen Himmel empor, durch alle tränenreiche Luft, so über der blutgeheiligten Erde Polens schwebt.

V.

Inhalt? Nur das immer wiederkehrende, das erschütternde Gebet: Herr im Himmel, gib uns unsre Freiheit wieder; gib uns unsre Freiheit wieder! (Sie fügte zu, daß in Deutschland die Militärkapellen dieses Lied nicht spielen dürfen, obwohl es ein wahrhaft schönes Lied sei.)

VI.

Ich sagte der Nachbarin, daß ich als Knabe die Fahrt nach einer kleinen Stadt gemacht, wo ich die Kosaken reiten sah: auf kleinen Pferden mit tief herabhängenden Schweifen. Sie ritten um den Marktplatz, auch am Fluß entlang.

Am Marktplatz aber kam ich, mit einem alten Herrn namens Joachim und einem gesetzten Mann namens Boleslaw, in die Weinkneipe von Tarassoff, welcher ein Russe war. Dort tranken wir ungarischen Wein, schrägüber von einer goldenen umständlichen Mutter Gottes mit einer ewigen Öllampe.

Der alte Joachim erzählte dabei, wie auf diesem Marktplatz in der Revolution vor seinen Augen die gefangenen polnischen Anführer exekutiert wurden; vom Leben zum Tode. Und jeder war ein Held. Schrecklich aber blieb es mitanzusehn, wie man sie der Reihe nach hinrichtete. Die zarenrussischen Mörder schlachteten sie … die doch nur den einen Wunsch gehegt: Herr im Himmel, gib uns unsre Freiheit wieder; — gib uns unsre Freiheit wieder.

VII.

Dies teilt' ich der Dame neben mir mit; und es fesselte sie stark.

Sie kannte übrigens Tarassoffs Weinstube, denn der Zufall hatte sie mal drei Wochen lang in diese kleine Stadt verführt.

So plauderten wir von seltsamen Dingen; immer sehnsüchtiger dämmerte die Verschollenheitsstimmung; und —

Jagd

I.

Abends ist man an Ort und Stelle. Das Nachtessen, bloß mit ein paar Männern; trotzdem anheimelnd, in der »Seestube« des versteckten märkischen Guts.

Abgelegene Seen dieses Bezirks haben die bekannte spröde Trauerschönheit, wenn es dunkel wird.

II.

Als der Mond so sachte heraufgezogen kommt, bricht man auf, marschiert eine halbe Stunde, nimmt schließlich dort Stellung, wo ein Wechsel des Wilds zuvor ausgekundschaftet ist.

Die Nacht scheint lau. Man legt sich ins Gras, die (Sauersche) Büchsflinte schußfertig im Arm.

Einer steigt auf die Kanzel im Geäst hier des Baums.

III.

Man liegt — und harrt. Nervenspannung… Alles vermeiden, was kommendes Wild verscheuchen könnte.

Die Wiesen und Felder sieht man (im Mondlicht) bis zum gegenüberliegenden Wald... Im Rücken (das gilt als vorteilhaft) hat man einen Graben mit Erlengebüsch: dessen dunkler Schatten die eigne Gestalt nicht sehn läßt.

Armes Wild — (denk' ich).

IV.

Armes Wild... Es wird nun die ursprüngliche Spannung von einer süßen Schlaffheit nach und nach abgelöst.

Ich fühle dämmernd (aber noch in Spannung), wie seltsam die nächtliche Natur sich dringlicher, zauberhafter ins Bewußtsein... ins Unbewußtsein schiebt.

Was für eine Zwitterstimmung: bedauertes Getier — und belauertes Getier.

V.

Mir fehlt sogar die Ausrede, nicht zu treffen. Ich hab's, in der »Versuchsanstalt für Handfeuerwaffen«, ganz gut gelernt. Alte Triebe brechen durch. Mit Beschwichtigungen wie: nur diesmal noch...

VI.

Damit alles Bessere schweigt? Das Bessere: die Hand nicht dabeihaben wollen. Vollends das Beste: dawider einschreiten; die Partei der Tiere nehmen?...

Unsinn. Wenn sie uns überfluten, übertieren, den Kohl der Menschen fressen?

Gleichviel... Der Seelenzwist beim Durchschreiten jedes Rasens; beim Ameisenmord meiner Stiefel, der mir ins Bewußtsein krallt, wenn ich in gehobener Laune, ja sozusagen erleichtert und dankbar durch den Wald ziehe, von städtischer angeblicher Unnatur erlöst, gewissermaßen gesund gebadet: das alles ist ja fürchterlich!

Der hohe Jude regt sich in mir. Erbarmen mit dem Wild.

VII.

Dämmerzustand... Dann, plötzlich, ein stampfendes, fernes, leises Erschüttern; die Erde summt. Hier kommt es heran, ein ganzer Trupp, den Atem hemmt man, es eilt im Galopp näher — näher; ist das bei mir nur Großstadtnervosität? man muß mit krampfiger Macht an sich halten...

Da — ein Ruck, alles steht, hüstelndes Bellen — — das Warnungszeichen des vordersten Tiers: es hat Jäger gerochen... Jetzt rasch, eh' sich alles in wahnsinniger Flucht, nein, im Sterbeschreck, hei, uns »Herren« entzogen hat (»die Luder«), knallt und donnert es durch die Nacht, sämtliche Männer, die in Zwischenräumen von zwanzig Schritt aufgestellt sind, haben den Finger bewegt.

Wirklich sieht man ein Tier zusammenbrechen.

VIII.

Über mir der auf der Kanzel fährt empor; erschrecktes Gesicht im Mondnebel; stammelt Laute. Gewohnheitsjäger!

Dennoch besser als ich. Denn ich bin ein Schuft. Ohne geschossen zu haben.

IX.

Die Lust, es wieder einmal zu erleben, war übergroß. Seehunde, Reiher — mit eurer Schädlichkeit hatt' ich mein Herz beschwichtigt: Fischmörder beide. Doch das pflanzenfressende Schmaltier?

Ähh, auch die Pflanzen sind vielleicht... Fische. Auch das Reh frißt solche... Fische. Was?

Ausflucht!!

Daß ich nicht schoß — ist keine Lösung. Daß wir selbst geschossen werden (weiß nicht, von wem) — ist keine Rechtfertigung.

X.

Um drei ging man schlafen, stand um neun auf. Dann gefrühstückt von halb zehn... bis zwei.

Fünf blieben dort; ich fuhr nach Berlin zurück.

XI.

Ich kann nicht leben, wenn ich bei solchen Alltagsdingen mich verströme — bei einem, also: netten, feuchtfröhlichen Jagdausflug.

Ich möchte so ein Gefühl ausschalten. Doch es lebt... in meinem Keller.

XII.

Das unzureichend getroffne Tier hieß vielleicht »Puppi« — ich weiß es! Ein schlecht geschlachtetes Mädelchen. Mit nicht genug Blei... in zerrissenen Därmen.
Puppi Hirsch hat sie geheißen.

Schußliste

I.

Die Schußliste Wilhelms des Zweiten wird von einer deutschen Fachzeitschrift jetzt, 1899, veröffentlicht.
Was unser Kaiser von 1872 bis 1899 alles geschossen hat, ist hier unauslöschbar verzeichnet.

II.

»Zwei Dachse.« (So müssen die Dachse gar schwer und selten zu schießen sein.) Welcher Gegensatz dieser zwei... zur Zahl der Hasen, wovon unser Kaiser 17 446 bisher getötet hat. Siebzehntausendvierhundertsechsundvierzigmal hat Meister Lampe, wie der köstliche Jägerhumor ihn heißt, einen Luftsprung gemacht, wenn der kaiserliche Finger zog. Die Summe der Kaninchen, die unser Kaiser bezwang, ist 1392.

III.

In der Liste dieser deutschen Wochenschrift sind zuletzt noch über sechshundert Stück »verschiedenes Getier« angemerkt, das Wilhelm der Zweite schoß. Was aber ist verschiedenes Getier?
Bei schlechten Jägern denkt man an getroffene Hunde und Ziegenböcke — das ist ausgeschlossen bei einem Schützen wie dem Kaiser, der insgesamt schon 40 957 Stück Wild nach den Angaben dieser Zeitschrift getötet hat.

IV.

Wenn sich das auf siebenundzwanzig Jahre verteilt, so kann ich berechnen, daß der Kaiser im Durchschnitt vier Tiere täglich umgebracht hat.

The Post

I.

Wirkliche Lichter von weißem Stearin, in einem alten, schönen, gewählten, ererbten Kronleuchter. Runder Raum. Die alten Fenster gehn fast zur Erde.

Ein Klavier und zwei Geigen. Amerikanischer Tanz? Für diese Zeit neu. Er heißt »The Post«.

II.

In fünfzehn Jahren wird man weniger Haar haben und sich dunkel entsinnen, daß mal sechs junge Fräuleins um zwei Uhr nachts bemüht waren, jemandem, der viel Champagner getrunken hatte, diesen Tanz, »The Post«, beizubringen.

III.

Der Gedanke wird mir dann aufsteigen, daß es damals entzückend war.

Samuel

I.

Kleine Mädchen (in Berlin so auffallend unästhetisch veranlagt) betonten, welche von ihren Kleidungsstücken gestern »zum Auswringen« waren. Einfach zum Auswringen, bei der Hitze.

Abends fuhr alles hinaus. Manche zu Freunden mit einer Villa, dort Freundschaft und Kühlung zu schlucken.

II.

Es geschah, daß etliche samt ihren Freunden diese Villa
verließen, die Bewohner der Nachbarvilla hinzunahmen und
gemeinsam hinauszogen aufs freie Feld; barhaupt; Zigaretten rauchend.

Lagerten im dunklen Grase, während vom Nachthorizont
sich abhob der Damen weiße Tracht; auch lieblich geschnit-
tene Wangenbilder.

Holde Schuh' raschelten im unbetauten Buschwerk.

III.

Mancher legte sich auf die Seite; mancher auf den Bauch.
Mancher auf den Rücken, wobei der Milchstraßen, schon
mehr der Sahnenstraßen, ferne Gestirne gut sichtbar sind.

Starke Männer vertraten den abgedroschenen Standpunkt,
die Wirkung der Sterne beruhe nicht auf »ästhetischem
Reiz«, vielmehr auf ihrer »kosmischen Bedeutung«.

Doch eine Frau trat für die An-sich-Schönheit von Gold-
tupfen auf blauem Grund ein.

IV.

Als die Nachtlüfte wohlig das Feld überwehten; und man
in die Ferne sah, als ob's eine Steppe wär', nicht bloß ein
Fleck bei der just werdenden Kolonie Grunewald, Kreis Wilmersdorf: da sprach ein Mann, weil der Papst erwähnt war,
in verschollener Abschweifung über den verstorbenen Papst
Samuel, aus dem Alten Testament; und über die Majestät
Saul.

Der Sprecher war ein Jude.

»Wie?« meint' er, »Samuel verrichtet nicht das Opfer in
Gilgal, wenn Saul gegen die Philister ziehn will? Offenbar
drückt sich Saul mit Absicht. Ha, er hat gewußt, daß der König ihn braucht! daß der Feldzug nicht stattfinden kann,
wenn er nicht opfert... Was aber tut der Saul? Er opfert
selbst. Frevelhaft gerissen. Kaum das Opfer vollendet ist, erscheint Samuel. Er hat wohl gelauert. Erscheint; erklärt
Sauls Opfer für sündhaft; und sagt seherisch, dessen Reich

werde nicht bleiben. Saul zieht aber trotzdem in den Kampf...«

V.

Es war seltsam, als der grauhaarige Bildhauer hiervon sprach; und als zwei Riesengestalten, Sauls und Samuels, beide, langsam über das dunkle Feld schritten durch die Nacht; ich sah es!

Ich sah noch was: eine Sternschnuppe fiel zwischen Saul und Samuel, beide bückten sich danach, und es ergriff sie Samuel — indes der König mit dem Haupt auf einen Stein schlug und im Dunklen blutete...

Samuel ging weiter, die Sternschnuppe noch in der Hand, jedoch schrie er auf und warf sie hin: es war ein glimmendes Schlacketeilchen — aus einer Fabrik...

Nichts von alledem war wirklich.

VI.

Samuel hatte sich die Finger verbrannt, Saul blutete... Nichts von alledem war wirklich. Auch dies nicht: daß etwa nun am andren Ende des Feldes, nach Feierabend, ein Arbeitertrupp dahingezogen wäre; daß etwan aus ihrem Gesang Brocken hergeweht würden wie: »... die Bahn... die uns geführt Lassall'...« Zur Erlösung vom Kampf zwischen Saul und Samuel. Aber dies geschah nicht. Ausdrücklich sei es betont. Es blieb halt aus.

VII.

Ein Frisch-Prächtiger von uns pfiff den »Krug zum grünen Kranze«. Der Rest sang es nach.

Die dunkle Luft war schwül zum Ersticken.

Postkarte

I.

Gelegentlich kommt eine Postkarte aus Xdorf in Tirol (oder Bayern); und es ist folgendes drauf mit kleiner Schrift geschrieben:

»Nun sitz' ich schon beinah drei Wochen hier in den Alpen und grase — aber bald hat es sich ausgegrast, und am 25. sind wir in Berlin. Es ist hier nach meinem Geschmack sehr schön, Eduard findet die Umgebung pflaumenweich (oder flaumenweich? ich weiß nicht; also Du wirst schon wissen). Da nie etwas passiert, so schlug ich vor, ein Füllen als Zebra anzumalen und laufen zu lassen, schon um der Bauern Visage zu sehn. Zwei Stunden ober uns wohnt die ganze Familie Y. aus der Regentenstraße. Wir haben uns nur zweimal kurz gesehn. Denn ich bin sehr für Einsamkeit. Ich geize damit, wie mit einem kostbaren Gut. Die Gräfin X. ist hier. Und wie alle solche, so hat sie eine große Sympathie für mich gefaßt. Na, jeder in seiner Art, wenn es nur überhaupt eine Art ist. Wo bist Du? Ab 25. gib Nachricht... Und nun adio. (Oder schreibst Du: addio?)«

III.

Addio.

Schminkeles

I.

Die Dreyfus-Geschichte...: eine so seltsam erschütternde Geschichte.

Ich lachte gestern (sehr angewidert immerhin) über Harden, der mit fetter Unechtheit zur Verminderung schmerzlicher Launen beiträgt.

Er hat, statt Muttermilch, Schminke gelutscht.

II.

Schminkeles mimt wöchentlich: deutschen Angelegenheiten letzte Weihe treu zu geben. Wachsambesorgt; tz-tz-tz! Mit Sensation.

III.

Diesmal hat er dahin entschieden, daß der Fall Dreyfus als ein von jüdischen Interessenten inszenierter überflüssiger Rummel zu betrachten ist.

Die wöchentliche Verlegenheit um Aufsehen wiegt manchmal so schwer, daß der geängstete Schreibling das Maß des niedergeschriebenen Sinns erst in zweiter Reihe berücksichtigen kann.

Es war dringend notwendig, daß Schminkeles der Sache hier in Deutschland einen Schuß Hepp-Hepp lieh. Wie alles an ihm neu ist, auch die Bildung und die Zitate, die vom Sonntag bis zum Freitag fleißig erworben werden: so das arische Bewußtsein. Er ist seit kurzem ein gerichtlich eingetragener Arier. Schminkeles weist auf die Gefahren hin, welche die jüdische Agitation in der Dreyfussache bietet; mit besorgtem Blick; tz-tz-tz!

IV.

Die ganze Komik erkennt, wer dies Mannsfräulein je hinter einer Logenbrüstung kokettieren sah... und weiß, wie mangelhaft er getauft ist.

Hierbei muß der Geistliche sich die Hand verrenkt haben.

Ob das Luder kauft?

I.

Vare, Vare — redde illusiones!... Malerei gilt als Kunst. Ist aber auch ein Nahrungszweig in Berlin... Ich verliere den Glauben früh — den ich behalten möchte. Welche Mittel werden angewandt!

Ich beobachte: den listigen, angstvoll-zähen Kampf um den Verkauf. Es gibt welche, die erholen sich nicht in Gesellschaft: sondern der ernstere Teil der Arbeit beginnt.

Einseitigkeit läßt beim Gespräch immer bloß den Gedanken zu: ob das Luder kauft?

II.

Nachbarin zur Linken, Nachbarin zur Rechten — häßlich können sie sein wie ein Stück Unglück, falsch dürfen sie sprechen, eingesetzte Zähne mögen sie haben, besabbern sollen sie sich beim Eis: wenn das Luder kauft.

Einen (idealistischen) Künstler kenn' ich, welcher durch Melancholie Bilder verschleißt. Nimmt viele zehntausend Mark im Jahr ein und ist vermählt.

Er setzt sich neben die Frauen von Maschinenwerken, chemischen Instituten, Banken.

Tischgespräch: Zusage des Atelierbesuchs — von der Frau nervös (und mit scheinbar gleichgültiger Stimme) gegeben.

III.

In Begleitung des Gatten der erste Besuch (es ist der letzte, sie weiß es bloß nicht).

Dem Gemahl sind Bilder beinah eklig. Wird nicht auf Anhieb gekauft: so holt mein Künstler das Novellenmanuskript aus der Truhe.

Der Künstler liest seine Novelle vor. Daß sie ungedruckt ist, interessiert den Fabrikanten wahnsinnig. Die Frau jedoch ist wirklich mit der Seele dabei.

Bildankauf.

Nach dieser ersten Zusammenkunft erlahmt die Schwermut des Künstlers. An ihre Stelle tritt Gelassenheit.

Die Umstände fügen es, daß weiterer Verkehr nicht erfolgt.

IV.

Seine »Sonderausstellung« ... Im dunklen Nebenraum lauert er. Verkriecht sich hinter dem hochwandig alten Schreibtisch. Mit leise wackelnden Ohren; zum Knäuel geballt.

Er saugt Äußerungen der Betrachter. Die Kritik meuchelt ihn? Zur Abwechslung will er hören, wie der Laie schimpft.

Tarnkappe ...

V.

Wird er den Stimmton eines bedeutenderen Kohlenmenschen gewahr; oder steht ein Elektrizitätswerk vor den Bildern: dann wackelt sein Ohr; behutsam, behutsam...

Der Gott im Innern fängt an zu gurren —: »Ob das Luder kauft?...«

VI.

Vare, Vare — redde illusiones!

(Hier endet der dritte Zyklus.)

Diese Stadt . . .

Müggelschlößchen

I.

Es ist eine Insel gegenüber den brandenburgischen Gebirgsbergen. Klein. Bloß das Allernötigste hat Platz drauf: ein Garten und ein Tanzsaal. Boote schwanken schweigend auf und nieder, im Dunkel —.

Müggelwasser schlurft an ihre Wände. Wie in Novellen glucksend.

II.

Ich lege mit dem Einskuller an.

Zwanzig Menschen sind auf der Insel, Abendgäste. Fünf sitzen draußen; essen was zur Nacht. Fünfzehn gehn in dunklen Gängen umher; oder tanzen.

Der Saal, in dem einsamen Müggelschlößchen, ist mangelhaft erleuchtet. Seltsame Zusammenstellung: ein Klavier und ein Triangel.

Kein einziger Herr ist heute hier. Bloß Mädel tanzen untereinander. Ohne irgendeinen Tanz auszulassen.

III.

Die Musik dringt nicht bis zu den Booten. Die schwanken selbstverständlich schweigend; auf und nieder; im Dunkel.

»Scheener Aaabend!« sagt hier der Bootswächter aus Friedrichshagen.

Ein paar Mädel, die vom Tanzsaal verschwunden sind, in hellen Kleidern, sitzen bei dem Wächter im vordersten angeketteten Boot.

Sie singen empfindsam. Ist ein Schmachtfetzen. Der Kehrreim des Liedes speit immer den Satz:

> Ich weiß ein Herz, für das ich bete,
> Und dieses Herz, es ist mir gut.

Ihre Sehnsucht grölt.

Mag es berlinische Sehnsucht sein. Junge Mädchen sind junge Mädchen; und Sehnsucht, Mensch, ist Sehnsucht.

»Scheener Aaabend!«, sagt der Bootswächter.

Tivoli

I.

Ich gehe durch diese Stadt. Ich reise durch diese Stadt. Ich ziehe durch eine fremde Stadt.

. . . »Herr Schmidt!« rufen die jungen Mädchen auf Tivoli beim Kreuzberg. »Herr Schmidt!« rufen sie und meinen den Kellner, sie rufen nicht »Kellner!« oder »Ober!« oder »Sie!«, sondern »Herr Schmidt!«

II.

Am Abend, wenn lähmende Hitze nachläßt, ziehn die Bürger eines südwestlichen Stadtteils nach Tivoli. Bier trinken.

Am Eingang eine Schießhalle; drei Paschbuden; Automaten.

Jeden Sonntag spielt in dem Riesengarten, der seit Jahrzehnten Versammlungslärm kennt, ein militärisches Orchester. Es wird (von der Trompete) »Das Meer erglänzte weit hinaus« geblasen; dann La Paloma, von Yradier.

An Wochentag-Abenden wird nur die Hälfte der Laternen angesteckt, kein Orchester spielt, aber die Tische sind besetzt von Familien, so Bier trinken. Und plaudern.

III.

Sie plaudern von Kanalisation. Was im lokalen Teil der Zeitungen, im lokalen Teil des lokalen Lokal-Anzeigers steht: darüber plaudern diese Familien.

Auch sagen sie Schlechtes von Abwesenden. Sie sagen es nicht in gehässig-wildem Ton, sondern in ruhig berlinischer

Menschlichkeit, die immer dem Schroffen ausbiegt und vernünftig-duldsam das Notwendige natürlich einsieht... aber sie sagen mächtig Schlechtes.

Dazu trinken diese Familien Bier und rauchen.

IV.

Oft haben sie soviel junge Mannschaft bei sich, Töchter vor allem (denn sie zeugen viele Töchter): daß die Alten an einem Tisch zusammensitzen müssen und an einem besonderen Nachbartisch die Jungen.

Die Töchter von Müllers, Püschels, Wiedemanns und Schröders sitzen beisammen an einem besonderen Tisch; auf zehn Mädel kommen drei junge Herren. Vom Stamme derer, die sich äußerlich Gefühle verkneifen.

Diese infamen Halunken — sie tun sachlich, sie reden sachlich, zuweilen über die Böschungen bei Schmöckwitz und über den Sieg der Segeljacht »Falke« auf dem Wannsee; aber diese infamen Halunken denken an ganz andres — diese infamen Halunken.

V.

Eine kleine runde Trulle in hellblauem Kleid — blaue Augen, blondes Haar — sitzt uns gegenüber. Mir und meinem vagierenden Freund.

Wir sind von den weißen elektrischen Monden ein bißchen geblendet und blinzeln hinüber. Mein Freund ist starkknochig und raucht. Er ist derb (ein Oberschlesier) und scheint heute weich zu sein. »Das Mädel könnte mich reizen«, sagt er bewußtlos und langsam, und die Asche fällt über seine Weste (wie immer). »Das Mädel könnte mich reizen.«

VI.

Eine Zeitlang blinzeln wir so hinüber. Dann ist es viertel zwölf, und Püschels stehn auf.

Der alte Püschel kommt an den benachbarten Tisch und fragt seine drei Töchter, halb zum Kellner gewandt, wieviel sie getrunken haben. Sieben Glas. Olga möchte noch einen Schnitt.

Nach kurzer Zeit brechen sie wirklich auf. Langsam ziehn sie durch den Garten, an unsrem Tisch vorbei. Die süße, blauäugige Trulle (»Moppelchen!« brummt mein Freund) gähnt, daß ihre Grübchen sich vertiefen. Sie sagt, daß sie bei offnem Fenster schlafen wird. Diese Hitze (sagt sie) sei unerträglich. Noch einmal gähnt sie, seufzend.

VII.

(Püschels verschwinden.)

Alte Bäume

I.

Der Kaiser verspricht Erneuung des Tiergartens. Verbesserung. Indem er Bäume niederhaut.

Fahret hin in Fried' und Freud'. Ich kannte seit der Studentenzeit manchen Riesen hier, der auf die affigsten Abenteuer herabsah.

Gemeinsam erlebte Dinge kehren nicht zurück, doch Erinnerung weht leicht und lieblich empor.

II.

Auch der eine Baum vielleicht wird fallen, hinter dem eine Mutter schnaubend an einem Sommertag erschien, an ihrer Tochter Statt.

Ich wollte auf den Baum klettern; sie anscheinend auch. Ich aber aus Genierlichkeit; sie aus Wut.

Elende, maledeit sei dein Gedächtnis.

III.

Alte Bäume beim Neuen See... Wir gondelten durch Buchten mit hängendem Gezweig, an Halbinseln vorüber — eh' die (von Berlin übersättigte) Sonne schlafen ging.

Auf Brückchen, wenn der Kahn unten durchglitt, stand manchmal ein schwermütiger Mensch, vielleicht ein Lyriker — der still vor sich in die grün-rote Flut spuckte.

Waren es nicht Lebensgipfel, Elly —? (Ach, es gibt so viele Lebensgipfel.)

Springsport

I.

Ich hatte Lust, Ostern nach Rom zu reisen. In der Stadtbahn erinnerte mich heut etwas an Rom. Zwischen Bellevue und Tiergarten.

Ein Floh hopste frisch über das Polster. Gegenüber das Fräulein mit Gesangsnoten hißte nervös zwei Finger in die Nackengegend.

Das ist nur ein kleiner norddeutscher, dacht' ich; die Hüpferiche der ewigen Stadt sind potenter. Lebensvoll umjuckte mich das Angedenken der feurigen Romflöhe.

Nur in der Trambahn braucht man dort zu fahren oder in ein Geschäft zu treten — und hat sie weg.

II.

Zwei dieser Burschen hatten eines Tages an mir gefrühstückt. Gegen Mittag stieg ich im Kolosseum herum, ganz hoch, sah hinab in die Arena, wo Bestien als Gladiatoren... äh, mit Gladiatoren rangen.

In diesem gewalttätigen, nietzscheanischen Zirkusgebäu von starrster Rohheit machten meine Dioskuren den zweiten Angriff. Sie wollten jetzt Mittagbrot essen. Ich hatte zwei Römer vor... hinter mir.

III.

Nun vollzog sich etwas, das mir bis zum neunzigsten Geburtstag vor der Seele stehn wird.

Ich faßte den einen, während der andre husch-husch-husch entkam. Hoch oben stand ich während dieser Handlung — und jetzt ließ ich den Verhafteten auf das Forum hinabspringen. (Ich hatte zuvor einen Augenblick an den tarpejischen Fels gedacht; aber der Weg war zu weit.)

IV.

Während ich dann befriedigt und erleichtert abstieg, auch nach Neros Goldnem Haus hinübersah, dacht' ich bewundernd an die Vielfalt italischer Flohstämme, die fast in jeder Provinz dem andächtigen Wanderer mannigfache Rassen und Sprungmethoden bieten.

Der zurückhaltende Toskaner springt maßvoll, fast nüchtern. Der rauhe Apenninensohn hopst kurz und gedrungen. Doch der leidenschaftlich-schmiegsame stolze Palermitaner startet vom Bauchknopf mit einem Telemarkenschwung auf die Gegenseite.

V.

Bei unsren deutschen Stadtbahnflöhen (dacht' ich) zeigen sich hier erst Anfänge. Wenngleich sie sportlich durchgebildet sind.

Da bleibt noch manches aufzuholen.

Das Bäckermädchen

I.

Ich traf jedesmal, wenn ich zum Diktieren ging und daher wütend war, ein entzückendes Mädel. Sie stand vor der Tür.

Mitmensch, ich verhehle nicht, daß es eine Bäckerei war.

Dies einfache knusprige Geschöpf heiterte mich auf. Und ich heiterte sie auf. Mein Grimm (eingeborene Abneigung wider schriftstellerische Tätigkeit) wandelte sich in liebevolles Lächeln. Ich lächelte vom rechten Ohr zum linken.

II.

Nur einmal schritt ich unbeweglich an ihr vorüber, als ich einen Aufsatz über Ibsen für »Die Nation« zum siebzigsten

Geburtstag diktieren ging. Damals war ich so ganz geladen, daß ich, ohne mit einer Wimper zu zucken, rasch entlangfloß.

Das nächste Mal doppelt freundlich. Jetzt ist alles aus.

III.

Weg ist sie ... Auch das Fräulein, der ich mitunter diktiere, die jüngere Schwester der Verstorbenen, ist in eine neue Straße gezogen.

Auf der neuen Straße befindet sich eine bauchige Gasanstalt, während das Bäckermädchen so schlank war.

Plötzlich ist sowas weg, plötzlich zieht das fort, ohne Rücksicht.

IV.

Ich erwäge jetzt: Warum bin ich niemals in den Laden gegangen und habe nicht einen Zwieback, eine Schnecke, zwei Nußtorten, eine Napoleonschnitte, einen Mohrenkopf, sechs Makronen, ein Lucca-Auge, mehrere Windbeutel, drei Biskuits, ein Sahnbaiser, etwas Streuselkuchen, bißchen Käsetorte und ein Fünfgroschenbrot gefordert?

Der Gedanke kam mir einfach nicht.

Vielleicht hätte das Schönste, was ich erleben soll, in dieser Bäckerei geruht.

V.

Das Schicksal hat es gewollt. Kein Murren!

(Das Schicksal beschert mir noch ganz andre Bäckereien!)

Der Zahn

I.

Abends fuhr ich nach Wilmersdorf — zu Schramm. Es war ein einem Sonntag. Meine Bekannten sind noch verreist.

Ich hatte Sehnsucht, Weibliches zu erblicken; aus dieser Ursache fuhr ich zu Schramm. (Das verlorene Bäckermädchen hatt' ich innerlich längst überwunden.)

II.

Es war abends halb acht. Ich befand mich allein im Kupee mit einer jungen Dame.

Als ich das Fenster schloß, sprach sie plötzlich zu mir. »Ach, Sie sind wohl gegen Zug empfindlich?« Es war glänzend als Anknüpfung.

Ich bestritt jede körperliche Empfindlichkeit.

III.

Hierauf erzählte sie, daß sie leicht Zahnschmerzen bekomme.

Da ich noch immer nichts erwiderte, denn ich hatte sie seelisch bereits überwunden, fuhr sie fort, um das Gespräch in Gang zu halten:

»Ich habe nämlich einen hohlen Backenzahn. Hier hinten; die eine Wand ist schon beinah...«

IV.

Das war Berlin! Es jauchzte mein Herz: ich bin wieder in der Heimat! Welschland liegt hinter mir!... Zum erstenmal hatt' ich sowas wieder sprechen gehört.

Da drüben sagt ein Fräulein kurz und offenmütig: »Mon petit chien, veux-tu me payer un bock?« Das ist Klarheit.

Von einem hohlen Zahn sprechen, behufs Erweckung von Liebe — das ist Berlin!

Wie so wonnig, wie so laut.

Vierundzwanzig Stunden

Gestern mittag gegen 12 begann ich zu schreiben. Es hielt mich in einer Art Gehirnhellheit fest, meist war es Prosa, nur 14 Verszeilen zwischendurch, immer weiter, ziemlich bewußtlos, ohne Bissen und Schluck, mit dem Rest einer Zigarettenschachtel, sitze jetzt am nächsten Tag um dieselbe Stunde noch am Tisch, mit erstaunlich vielen vollgeschriebenen Blättern, bloß die letzten sind für mich schwieriger lesbar, etwas mehr als 24 Stunden hat alles gedauert.

Gegen halb eins klingelt L. Sie wundert sich über meine roten Backen. Ob ich seit gestern von der Sonne so verbrannt bin. Ich geh', noch immer ohne Bissen, unter die Brause. Dann so zu ihr; sie hat einen Arm unter dem Kopf, ein Bein auf dem Diwan. Um 5 zusammen zu Frederich. Endlich etwas gegessen — seit gestern vormittag. Abends im Theater. Bei der Heimkunft steht sie vor dem Haus. Die Hälfte von dem Geschriebenen hat mich weitergebracht.

Das Lustschiff

I.

Wieder mal heim aus... Welschland. Heut fahr' ich die Spree hinauf, hinunter, auf einem Schiffsdeck, das mit Menschen besät ist. (Hei, das soll ein Leben werden!)

Sonntag; aber kein Sonnentag.

II.

Der Mensch glaubt ja aber hier auf dem Lethe-Fluß zu sein; alles körperlos; farbleer.

Ein grauer Schemen auf der Kommandobrücke. Redet ins Sprachrohr, ruft: »stopp!«; doch er ist in Wahrheit nicht wirklich; man könnte wohl mit der Hand durch die Luft fahren, wo er steht. Was ist hier los?

III.

Die Gesichter an Deck sind Spiegelung einer laterna magica auf grauem Linnen; die Hände frieren; irren quer; holen bleiche Stullen aus Fettblättern. Bleich, graugrün. Die Schiffsglocke schwindsüchtig-spröd.

Stumm zieht ein Vergnügungs-Leichenzug abwärts auf dem tintigen Fluß: durch das grüngrau-kalte Land mit Schornsteinen. Der tote Kellner dort bietet Cognac an auf dem Tablett.

IV.

In Erkner beim Kaffee kommt Leben in die Menschheit. Viele singen. Was hört mein entsetztes Auge! Die Endwiederholung des Liedes heißt:

> Pankow, Pankow, Pankow,
> Kille, kille, Pankow,
> Kille, kille hopsassa.

Jedes Wort ein Gehirnschlag...

V.

Nachbartisch. Am äußersten Bankende zwei achtjährige Mädel. Zu hören ist nichts; zu ahnen ist es.

»Du, ick weeß, wie man Kinder kricht.« — »Püh, ick weeß aber, wie man keene kricht.«

VI.

Ferne, mickrige Schiffsglocke.

Spree

In Paris wird in die Seine mancherlei gegossen, was den, also, Nachtseiten des menschlichen Körpers entstammt.

Aber der Fluß ist nicht so ruppig, schielend, mißtrauisch, kleinlich wie die Spree.

Die Lagunen stinken — gewiß. Der Canalazzo sehr. Doch es ist ein Gestank, der den großen Zug hat. Er wirft einen ganzen Menschen um.

Die Spree riecht nur schlecht.

Kastanienzeit

I.

Allgemeine Weltlust leuchtet.

Lützow-Ufer. Auf den Wipfeln wippt Weißes: Kastanienblüten; und manche fallen hinab in das grüne Wasser.

Eine sinkt sogar auf den Kopf so 'ner strammen blonden
Person, die auf langem böhmischem Obstkahn hinten das
schwere Steuer führt, indem sie mit nackten Armen sich auf-
legt und es mit dem ganzen Körper seitwärts schiebt; vorn
keucht ihr kleinerer Mann, auf und nieder, die Ruderstange
gegen die Schulter gepreßt.

Oben am Ufer stehn zwei Gymnasiasten; schielen brütend
nach der blonden Person...

Weltlust leuchtet.

II.

Abends wandeln Geschäftsmädchen unter den Kastanien
hin. Sehn ungeduldig aus und doch weich. Verliebt und
müde. Daß diese Verliebtheit mit Unwillen gepaart ist,
macht sie reizvoller.

Oft resolute Bürgerstöchter, die ihre Sehnsucht hinunter-
zudrängen entschlossen sind; aber es geht schwer. Sie lachen
gegen ihren Willen, wenn man sie anspricht. Um diese Jahrhundertwende.

III.

Manche summt (besonders wenn zwei zusammengehn —
da ist sie sicherer) das einheimische Walzerlied: »O Fata-ha
Morgana, steig auf in alter Pracht.« Sie tupft zur Abwechslung den Schirm wider einen Baum. Unter Kastanienblüten.

IV.

Bei der zweiten Begegnung. Frage nach dem Befinden seit
neulich; »Danke, man pinschert sich so durch.«

Auf nach den Zelten! in Kistenmachers Garten am dunklen
Fluß.

Dort gerudert. Bis das letzte Boot eingezogen wird.
Schluß und Zappen duster.

V.

Durch den Tiergarten heimwärts.

O Fata Morgana. Der Ausgang in dieser grünen Wildnis
ist oft so schwer zu finden.

Maßmangel

I.

Bei Frederich gestern zwei Eisbeine gegessen. Sonst immer nur ein Eisbein. Vorher zehn Austern.

Die Zusammenstellung (das Zarte, dann das Derbe)
scheint mir ein Ziel aufs innigste zu wünschen.

Lieblingsgewohnheit: erst Austern, dann Eisbein.

II.

Heut von Summt über Schönerlinde fast sieben Stunden
Trab (nicht englischen) geritten; bis ich einen »Wolf« weg-
hatte.

Man fühlt sich besser auf dem Gaul als nachher beim
Schmieren.

Auch Reiten wird, ohne Maß, zu einer Art Wut. Bootex-
zesse ziemlich sinnlos. Mittwoch wieder am Nachmittag los,
die halbe Nacht hindurch im Einskuller, abermals bei Rahns-
dorf auf Heu geschlafen, dann am Vormittag zurück; aber
vormittags in Berlin zu landen, macht keine Freude.
Dürftig-strenges Licht, ohne Wohlwollen, über den Vor-
städten hier, die mißgünstig, mißgestimmt, geordnet-
haßvoll sind; uäh; wie von der Firma »Karg & Spärlich« ge-
liefert.

Trotz albernster Strapazen musterhaftes Herz.

92

Totensonntag

I.

Ich gehe durch diese Stadt.

Berliner Friedhöfe sind weniger Friedhöfe... als zweckmäßige Plätze behufs Unterbringung lebloser Körper.

Sie erstrecken sich (in der Stadt) flach und wurstig. Eisen-
bahnen auf Metallträgern donnern vorbei; gegenüber liegen
Destillen.

II.

Die Berliner haben für die Toten kein Gebirge, keine Inscl;
doch die Gräber selbst sind liebreich, mit herzlicher Sorgfalt
gepflegt... innerhalb der Unterbringungsplätze.

Scheußliche Nüchternheit der Lage wird beinah verwischt
von der ernsten Anmut ihres Waltens. Es erscheinen die
Friedhöfe zwar dauernd häßlich, doch sie wirken fast inniger
(wenn man einmal drauf ist) als berühmte Ruhestätten älterer
Lande.

III.

Wenn sonntags kleine Mädchen nach Schlachtensee machen, guckt alles im Vorüberfahren auf Gräber, auf Grabsteine, Kreuze, Kränze, von der Bahn aus.

Manche weiß, wenn es die schöne, kluge Tochter eines
preußischen Briefträgers ist, daß weiter unten, in Wannsee,
Heinrich Kleist begraben liegt — sie verlangt sein Grab zu
sehn.

Abends, auf der Heimfahrt, liegen die Eisenbahngräber im
Dunkel. Kein Erinnern an Verwesung lähmt die Zunge...
wo nicht abendliche Schwermut sie ein bißchen lähmt.

IV.
— — — — — — — — — — — — — — — — — —

Auf die Eisenbahngräber ziehn am Totensonntag alle: Wit-
wen, Söhne, Bräute, Töchter, Mütter; mit Blumen.

Berlinischer Ordnungssinn: die Gräber werden aufgeräumt. Beinah abgeseift... Dann tritt erst volle Trauer in
Kraft.

Reinemachen ist hier: Kundgebung des Herzens.

V.

Totensonntag. Mancher denkt seiner Verlorenen — die gestorben sind, obwohl sie lebendigen Leibs noch umhergehn.

Mit Kränzen kommt man ihnen kaum. Würde höchstens,
wäre die Spree kein so ruppiger Fluß, einen Kranz ins Wasser
werfen — und gucken, wie er den Strom hinabschwimmt.

Mit Kränzen kommt man ihnen kaum; ja wenn sie vorbeischritten, würde man tun, als sähe man sie nicht; vielleicht
auf die Uhr gucken.

VI.

Aber man erinnerte sich dennoch der gewesenen Zeit.
Und würde vielleicht die besten Blumen, von den schönsten
Farben, vom holdesten Duft, im strahlendsten Kranz, auf
diese ungreifbaren Gräber legen.

Ihr seid gestorben, doch ihr lebt noch. Ihr lebt — aber, ach,
ihr seid gestorben. (Das Schicksal schenk' euch ewige, ewige
Seligkeit.)

VII.

Über den Gräbern, auch an der Eisenbahn, leuchtet
schließlich im Dämmer der Luft, im Ergrauen des Tags ein
unsterbliches Wort. Memento vivere! Gedenke zu leben!

Geprägt von F. Nietzsche — der nie gelebt hat.

Das Großstadtpferd

I.

Ein Droschkentaxameter rollrasselt langsam über die blin-
zend beleuchtete Landstraße.

In jäher Eingebung erklettert man ihn und sagt dem Kutscher: »Fahren Sie nach: —.« Er wollte schon nach Berlin zurück, dreht jetzt um.

II.

Er fährt wie ein Blödsinniger. Nach vielem Herumirren kommt er an das große Gatter beim Wald. Niemand ist da. Ich springe heraus, es zu öffnen; führe den Gaul im Dunkel durch.

Nach einer Weile Chausseefahrt landen wir vor dem Wirtshaus.

III.

Es ist gottverlassen, bloß in einem Raum wird etwas gefeiert, von halb Dörflichen.

Während ich die Mamsell aufscheuche, noch ein spätes Abendessen nehmen will, dringt etlicher Unfug der Festgenossen herüber.

IV.

Nach einer Stunde wie im Traum geht es wieder los. Nämlich draußen wartet der Kutscher; kann den Gaul nicht mehr halten.

»Was ist denn?« Er antwortet mit einem seltsamen Ausdruck: »Er fürcht' sich vor de Wildnis.«

V.

Er ruft dem Braunen zu, er möge stillstehn... Hier droht starrender Wald. Etwas Schwarzes, sich kaum Regendes, mit allerhand Schauern ringsum. Obschon es bei Berlin ist. Das Droschkenpferd schaudert sichtbar aufs neue. Schreckt rückwärts. Dann los! los! Der Taxameter wird hin und her geschleudert. Ich öffne den Schlag, spring' im Fahren hinein.

VI.

Jetzt geht's, nächtlich, wie die wilde Jagd; scharfe Spätluft quillt zu beiden Fenstern.

Zweimal verirrt er sich noch.

Zuletzt nach einer langen Fahrt von seltsamer Verschollenheit: Berlin; Zoologischer Garten; Asphalt; Gedächtniskirche; Tauentzienstraße. Kaum geht hier noch jemand.

Ich zahle. Der Kutscher wechselt Geld und sagt (erleichtert): »Nu is er janz normal. Er fürcht' sich vor de Wildnis.«

VII.

Das Pferdchen trabt jetzo durch ein vertrauteres Berlin — aufgeräumt.

Akademische Bierhallen

I.

Heut nach der Morgenarbeit, beim Tee, las ich: diese Kneipe soll jetzt eingehn... Ich dachte: sie bildet keinen schlechtesten Teil einer geliebten, verfluchten Jugend.

Zwischen zwei Kollegstunden gingen wir oft 'rüber Billard spielen. Oben war das.

Kellner in der Jägerjoppe wanderten mit Drahtgestellen von drei Stockwerken — boten im Ausruferton ein Helles an.

Keine Tischtücher; sondern Wachsleinwand.

II.

Man ging bloß dann in diese Kneipe, wenn rein gar nichts mehr zum Versetzen blieb. Wenn alle Kommilitonen der Bekanntschaft hinmußten; jeder blank wie eine gescheuerte Wanne.

Knirschend schmaust jeder ein verhältnismäßig reiches Mahl mit Behör. Brot aß man dazu für zwei Mark.

Am Achtundzwanzigsten des Monats ergaben sich Gedanken, »de consolatione philosophiae«, von Boethius.

Beim Hinausgehn stieß man auf Hegels Denkmal.

III.

Eines Vormittags spiel' ich mit dem Sohn eines Berliner Juristen oben Billard. Beide waren wir in schwerer Stimmung.

Am vorangegangenen Abend (in einem freien Gesangverein, den ich leitete — und der aus Beamtentöchtern bestand) hatte man gemunkelt, es gehe dem Kaiser Friedrich schlecht. Am Morgen hatten es die Zeitungen auch gesagt.

»Rieß«, sprach ich, und wir legten die Billardstäbe weg, »mir ist, als ob er jetzt gestorben wär'.« Wir gingen beklommen hinunter. In der Universität war ein dunkles Tohuwabohu. Der Kaiser war tot.

Die Professoren teilten mit, sie würden nicht lesen. Studentenschwärme gingen nach den Linden hinaus. Die Standarte drüben war herunter. Rieß schritt neben mir. Wir sprachen nicht.

Dieser Vormittag bleibt mein stärkstes Erinnern an die alte Kneipe.

IV.

Der Verstorbene bedeutet keine große Nummer. Nur: unter ihm wären die Zustände nicht ganz das geworden, was sie hernach wurden. Nicht ganz.

(Rieß, ein begabter Kerl, kam mir dann aus dem Gesicht. Er hat sich später, noch jung, erschossen.)

China-Trott

I.

Es geht wider »den« Chinesen. Mit Waldersee... Kleine Kriegszeit in Berlin. Menschenmassung...

Potsdamer Straße; Abend; Stockungen. Not verirrter Omnibusse mit bleichen Schaffnern. Getretene Hunde. Stubenmädel mit Raupenhäubchen; zweitausend Stück. Assessoren. Postbeamte. Landschaftsmaler. Wirrwarr. Kinder, herumgeschleppte.

Alles stellt sich auf die Zehen; mit einem Schlage kommt Sturm in die Masse: vom Nollendorfplatz Musik. Alles rast wir die Bülowstraße lang. Da sind sie schon. Die Eisenbahner. Brave Jungens.

II.

Manche marschieren im Zug, haben links die Mutter, rechts die Braut. Mützen leuchten durch die Nacht, braungelb. Brave Jungens, unsre braven Jungens: dieser Ausdruck scheint zu weben, zu schweben, zu wittern. Brave Jungens.

III.

Mit schweigendem Ernst ziehn die braven Jungens vorüber, die sich für den heiligen Krieg in China gemeldet... Getreu dem Wort ihres Kaisers, der gesagt hat, er werde nicht ruhen, bis auf den Mauern Pekings unsre Flagge weht.

Peking soll allerdings jetzt geräumt werden — immerhin; im Felde da ist der Mann noch was wert. Brave Jungens.

Trott und Marsch und Trab. Von Bürgern und Bürgerinnen begleitet. Trott, trott.

Portemonnaie festhalten; ist schon manchmal geklaut worden. Trott, trott, trott.

IV.

Diese ganze Bevölkerung, so hier mitläuft, pfeift auf den Krieg in China; macht Witze längst schon über den kühnen Waldersee — kommt aber doch in getragene Stimmung, wenn die Eisenbahner vorüberziehn. Trott, trott, trott.

Freude an einem (nach ihrer Meinung) höheren Ulk, mit lebensgefährlichem Hintergrund; ohne Kopfzerbrechen über den Kausalzusammenhang; gar nicht über den, also, ethischen Zusammenhang.

Knabendrang eines wenig verbrauchten Volks; zwischendurch die kränkliche Passion des bleichsüchtigen Großstädters für alles, was nach körperlicher Übung aussieht. Trott, trott, trott.

Trott, trott, trott.

Hohenlohe-Kultur

I.

Hohenlohe, der Kanzler: nicht nur eine Komik. Auch eine Nachdenklichkeit!

Feinfühliger als die Standesgenossenschaft. Leider hängt von dem Grad menschlicher Kultur der Grad politischer Bedeutung nicht ab... Das ist, ist, ist eben die Nachdenklichkeit.

II.

Die »vornehmen« Charaktere sind nicht die starken Charaktere. Klar. Zur Zeit Bonapartes waren die feinsten europäischen Elemente von diesem unkultivierten Tatkerl durchaus geschieden. Alle feinen und klugen Träger einer differenzierten Gesittung, die elitemäßig Fühlenden, hielten sich von dem Korsen fern wie von einer dicken Banalität.

Sein Schicksal; sein Emporsteigen; alles was von der Revolution an ihm hängenblieb; schließlich das jammerhafte Benehmen der deutschen Fürsten vor dem selbstgemachten Mann —: das konnte zwar die ungeheure Begeisterung wecken, als für ein geschichtliches Phänomen. Aber die Feinsten und Besten der Zeit sahen ihn stets... nicht unter *sich,* sondern *unter* sich...

Das ist mir die Nachdenklichkeit.

III.

Politische Bedeutung und persönliche Kultur werden getrennte Welten bleiben, bis einer das »dritte Reich« gründet: das Reich der Zusammenfassung.

Wo gestufte Beseelung verheiratet ist mit Kraft.

(Endlich!)

IV.

Ansätze dazu stecken in manchem. Vielleicht auch in mir.

Bauer?

I.

Ich bin bestimmt nicht knochenbreit, bin mittelgroß, sehe gewiß nicht wie ein Landjunker aus — dennoch muß vom Bauern was in mir sein. Vielleicht haben sie, die Voreltern, vor drei Jahrtausenden Vieh gezüchtet unten am Libanon, oder Wein gebaut oben bei Josaphat; vielleicht kauten ihre Hammel Gras am blauen Meer von Kanaan (das ich später sah). Bauern... vor einer sehr beträchtlichen Zeit. Immerhin: ich hätte die Pferdenatur sonst nicht.

II.

Hasse, letzten Endes, tödlich Zierschmus, Gebommel, Tuerei, möchte das halbe Westberlin mit einer einzigen Fliegenklatsche zerschlagen.

Doch in der Kunst: — in der Kunst blühe, strahle, singe Stahlfein-Gestuftes, Allergeschmeidigstes, Aristo-Fühlsamstes.

Hier, hier, hier will ich auf die Bauern schei... telrecht spucken.

(Auch sonst öfters.)

(Hier endet der vierte Zyklus.)

Gruß an das Dunkel

Der Nachmittags-Tod
Ein Gebet

I.

Etwas von der Neigung zur Weltflucht steckt in jedem von uns, die wir nicht in Geschäftigkeit des Berufs ganz aufgehn; die wir die Tätigkeit nicht als das letzte Ziel des hiesigen Aufenthalts betrachten; die wir, in allem Glück, stets an den Tod denken, jeden Tag fünfundzwanzig Stunden lang, und die wir uns — bei jedem Ewachen von einem kleinen Nachmittagsschlummer — fragen, indem wir vom »Nichtsein« etwas schlaftrunken ins Sein zurückkehren: »Wozu dies? welchen Zweck hat es? warum unsre Gegenwart? was steht bevor?«

II.

Man soll von diesen Dingen sonder Hokuspokus reden. Im tiefsten Innern: einfach. Ja: mit dem Mut, Allereinfachstes nicht zu scheuen. Geistig verwickelte Haltungen sind hier falsch am Ort; vielleicht unaufrichtig. Es handelt sich, kurz, um das für jeden Menschen Wesentlichste.

Durch Übung (im Alleinsein) kam ich dazu, mir ganz greifbar, ganz wirklich den großen Augenblick zu vergegenwärtigen, den der Mensch nur einmal erlebt: den Tod.

III.

Nur einmal? Ich hab' ihn hundertmal erlebt; insonders dann, wenn man vom erwähnten Nachmittagsschlummer hochfuhr, und das Zimmer lag in Halbdämmerung, und man wußte zuerst nicht, wo man sich befindet — nun, es war eine Art Traum, ein kleiner Vorgeschmack, ein bloßer Widerschein... Aber jetzt?

Diesmal soll es ernst werden. Diesmal kommt der wirkliche Tod. Nicht der geträumte Sturz vom Turm, sondern ein körperhaftes Hinunterfliegen.

Oder (ich vermute das nach meiner Beobachtung) ein einfaches Aufhören des Bewußtseins unter nicht unfreundlichen Empfindungen — ein Zustand, in dem man schon einmal war, nämlich lange vor der Geburt: das Nichtsein. Ich erinnere mich an dies Letzte nicht mehr. Obschon ich es hinter mir habe. Es gibt keinen, der sich daran erinnert. Ist aber sehr möglich, daß man es nur vergessen hat...

Auch im Schlafe der Nacht bin ich vorübergehend im Nichtseins-Land, jedoch nicht völlig ohne Bewußtsein; also nicht völlig ohne Seelenvorgänge, von denen ich weiß. Jeder Mensch träumt in jeder Nacht. Die Träume werden vergessen, von ein paar Ausnahmen abgesehn.

Vielleicht vergaß ich alle Träume, die ich lange, lange vor meiner Geburt geträumt. Vielleicht vergaß ich ein Leben, das ich im Raum irgendwo geführt. Olle Kamellen!

IV.

Aber wenn ich es vergaß, wenn es mir entschwand — hat es da noch einen Sinn, zu sagen, ich sei dasselbe Wesen, welches damals (vielleicht in Millimeterkleinheit) irgendwo 'rumvegetiert hat? Das Bewußtsein zweier Epochen, das Erinnern zweier Epochen bedeutet erst, daß man etwa derselbe Mensch in dieser Epoche war wie in jener.

Wenn ich meinen Fingernagel abschneide, der Wind weht ihn weg, ein Pferdehuf tritt drauf, ein schwachsinniges Huhn pickt ihn an, eine Jöhre spielt mit ihm — bin ich es da noch, ich, der getreten, der gepickt, mit dem gespielt wird? Also!

V.

Am Ausgang nachmittäglichen Schlummers ist nach meiner Erfahrung die Kraft, den Tod zu fühlen, zu locken, zehnfach stärker: weil zwar noch ein Rest des Nichtseins besteht... aber der Schlaf nicht so tief gewesen ist, das Erwachen nicht so fern von Denkmöglichkeiten wie morgens nach der langen verwirrenderen Nacht.

Nachmittagsschlummer zeigt (und nähert) mir, vorwegnehmend, den größten Augenblick.

Den größten Augenblick dieses Lebens! Denn der andre, bevor wir in dies Leben eintreten, ist kaum von uns »erlebt« worden.

VI.

Wenn ich die Wahl hätte, lieber Eli: ich möchte diesen andren Augenblick, das Geborenwerden, gern wieder vier- bis fünfmal durchmachen, wenn mir dadurch der zweite große Augenblick noch erspart wird. Darin bin ich komisch...
(Ich bitte dich, Eli. Sei lieb — schon weil ich dich erschuf.)

Theodor

I.

In den Morgenblättern las ich, daß der cand. med. Theodor A. mit einer klaffenden Kopfwunde und einem gebrochenen Arm auf dem Polizeibureau der Lützowstraße eingeliefert, als Geisteskranker erkannt und in die Charité »überführt« worden ist.
Jeder liest über solche Nachrichten weg und blättert um. Ich aber wußte zufällig, was dieser Notiz zugrunde lag. Es war ja ein Stück von meinem eignen Leben.

II.

Ich kannte diesen Eingelieferten seit Jahren; wir waren uns in der Studentenzeit begegnet. Kraftstrotzender Kerl! Er kostete von allem feuchten Glanz, aller Zigeunerherrlichkeit der Universität Breslau. Nur ... er machte kein Examen. Wenigstens kein nennenswertes — schnappte nach dem Physikum ab.
Er gab, in der Hoffnung, sein Studium später aufzunehmen, Unterricht an Abiturienten. Widmete sich nachher ganz diesem Beruf, sprach nicht mehr von der Medizin ... es durfte kein andrer das Thema berühren, weil da sein wunder Punkt lag.

105

Jahrelang kam er mir aus dem Gesicht — schließlich traf man sich wieder; ich freute mich an seinem unausrottbar saftigen schlesischen Humor.

III.

Theodor war in jeder Hinsicht gefällig und dienstbereit — der freiwillige Kommissionär seiner alten Freunde. Bei sich nie antreffbar; weshalb ich ihn den Grafen von Limburg nannte, in Erinnerung an das Uhlandsche Gedicht: Zu Limburg auf der Veste, da wohnt' ein edler Graf, den keiner seiner Gäste jemals zu Hause traf.

IV.

Der Grund für dies häufige Fernsein von den Penaten lag in seiner Schwäche für ein Mädel — über das er nie sprach, das aber den Herzpunkt seines Lebens zu bilden schien. Ich sah ihn einmal mit einer jungen Dame, Mitte der Zwanzig, bürgerlich-elegant gekleidet, hübsches Gesicht, in der Potsdamer Straße sprechen — doch ich dachte: Das ist vielleicht die Schwester eines Schülers. Ich traute diese Eroberung ihm nicht zu.

V.

Ich habe meinen Bekannten vor einigen Wochen besucht und zu meinem Schrecken gemerkt, daß er irrsinig geworden ist. Ich berief die Verwandten, ein Psychiater wurde von dem Fall unterrichtet — aber der Kranke weigerte sich, eine Anstalt aufzusuchen. Es blieb dem Professor nichts übrig, als der Sache vorläufig ihren Lauf zu lassen, nachdem er die Beobachtung Theodors und seine Bewachung angeordnet hatte. Die Krankheit war erst im Beginn.

Ich erhielt in dieser Zeit Briefe von ihm, worin er um Geld bat; ich konnte mich nicht entschließen, es zu verweigern. Er ging nach wie vor aus, unterrichtete (seltsamerweise) noch eine Zeitlang, bis die Schüler sich zurückzogen — und dann, vor einigen Tagen, kam die Meldung, er sei in der Charité.

VI.

Wenige Tage zuvor empfing ich von ihm ein begeistertes Schreiben, auf dessen Umschlag die Worte standen: »Nur Sie, mein bester und liebster, mein Bräutigam...« und dergleichen.

Vorn auf der Adresse stand: »An mein Freund und getreue Ekkehard und Bacchus«, dann der Name und ein Titel, den ich nicht besaß. Das Innere des Briefes war mit lateinischen und mittelhochdeutschen Wendungen geschmückt; es belohnte mich mit einer Schenkung von 25 000 M. — die irgendwo abzuheben seien. Das Erschütternde dieses Schriftstückes lag darin, daß der Schreiber nur noch Worte aneinandergereiht hatte, die zusammen keine Sätze mehr bildeten; bloß die »Schenkung« war klar zu erkennen.

VII.

Einem andren Bekannten war er aufs Amtszimmer gerückt und hatte Geld gefordert, was der jedoch, offenbar mit Rücksicht auf seinen Zustand, ihm abschlug. Zum Dank erhielt er furchtbare Briefe mit den unerhörtesten Flüchen — und merkwürdigerweise waren längst verschollene Ereignisse hineingeflochten, kleine Blößen, die sich der Empfänger vor zwölf Jahren im Gespräch gegeben, als er einmal seine Fahrt von Linz am Rhein nach Köln etwas umständlich schilderte.

Der Empfänger hieß mit dem Vornamen Wilhelm; der Brief des Irrsinnigen nannte ihn witzig »William the not conqueror«, »Wilhelm, der Nicht-Eroberer«, und bespöttelte nebst andren Untugenden seine Fähigkeit, die Geographie des Rheins in »langsamem Kursus« vorzutragen.

Das Gedächtnis dieses Kranken war meisterlich und staunenswert.

VIII.

Den Rest des Falles erfuhr ich von der Wirtin — nachdem die Polizei eingegriffen. Es ist das Traurigste.

Eines Abends kam mein Freund nach Haus, mit dickem, schwarzem Blut von oben bis unten besudelt. Die Frau holte noch die Weste hervor, die sie behalten hat, und ich wandte mich schaudernd ab von diesem einzigen Blutklumpen.

Was ihm geschehn war, weiß man heute noch nicht. Er gab an, aus der Eisenbahn gefallen zu sein, bat aber zugleich die Wirtin, über den Vorfall nicht zu reden. Möglich, daß er, der Aufsicht einmal entschlüpft, irgendwo Krach bekam, vielleicht indem er eine Frau beleidigte, deshalb dann, da man seinen Irrsinn nicht erkannte, grausam gezüchtigt wurde, vielleicht eine Treppe hinabflog. So sah es aus. Der Gedanke, daß alles dies trotz der Vorsichtsmaßregeln möglich geworden war, fiel mir schwer aufs Herz.

IX.

Und nun kam der letzte Akt seiner Tragödie. Ein Arzt verband ihn von elf bis zwei Uhr nachts. Theodor erklärte sich während dieser Arbeit, indem er keinen Schmerzenslaut von sich gab, für den größten Opernsänger der Welt und fügte hinzu (dies ist das Sonderbare): »Solche Leistungen bringt man erst dann zustande, wenn man, wie ich, verrückt ist; erst der Wahnsinn entwickelt solche Fähigkeiten — glauben Sie das, Herr Doktor!«

X.

Am nächsten Morgen riß er die Verbände los. Nun erschienen, um ihn gewaltsam in Pflege zu bringen, zwei Kriminalbeamte. Sie standen in der Tür seines Arbeitszimmers, während er, an den Schreibtisch gelehnt, die Faust des nichtgebrochenen Armes ihnen entgegenhielt.

Sie sahen seine Muskeln und erkannten, daß nichts zu machen war. Erst als er, durch einen Vorwand auf die Straße gelockt, hinunterkam, nahten sie ihm blitzschnell; packten ihn von der Seite.

Eine Stunde lang plauderte der Polizeileutnant dann mit ihm, bis der Professor kam und beginnende Gehirnerweichung feststellte.

Mein alter Freund wurde nun ... untergebracht.

———————————————————————————

Und damit ist das Erwähnenswerte des Falls für mich zu
Ende. Nur bekam ich am Morgen eines der nächsten Tage einen Brief, zierliches Format, cremefarben, mit der Bitte,
abends um $8^1/4$ Uhr an einem bestimmten Punkte des Potsdamer Viertels in Sachen des »so jäh erkrankten Herrn Theodor A.« eine Dame sprechen zu wollen.

Ich ging hin. Es war die vermeinte Schwester des Schülers.
Sehr taktvoll, sehr ernst, sehr kultiviert — und sehr hübsche
Züge. Sie spielte nicht Versteck; verhehlte nicht, was sie ihm
gewesen war. Sie kannten sich seit vier Jahren. Sie war Putz-
macherin, stammte aus ansehnlicher Familie, lebte bei ihrer
Mama. Viermal täglich hatte er sie seit Jahren begleitet:
wenn sie mit der Stadtbahn nach dem abseitigen, kleinen
Atelier fuhr, wo sie tätig war — und wenn sie nach Hause
ging. Deshalb war er ewig unterwegs gewesen… Und nun
kam die Überraschung für mich.

Wir sprachen von seinem Beruf — sie wußte nicht, daß er
unterrichtete; er hatte seit vier Jahren ihr erzählt, er verfasse
literarische Kritiken, größere dramaturgische Untersuchun-
gen — kurz, er hatte den Schriftsteller gespielt. Sie kannte
Kritiken von mir fast auswendig… er hatte sie ihr, als die seinen, aus beschriebenen losen Blättern streckenweise vor-
gelesen.

Er sprach nur gelegentlich von seiner Bekanntschaft mit
mir (daher der Brief) und erzählte im übrigen Einzelheiten,
die mir zugestoßen waren, als sein Erlebnis. Das junge Mädchen war überrascht, als ich ihr die wirklichen Daseinszu-
stände meines alten Bekannten schilderte — sie sprach kaum
noch ein Wort.

Ich fragte, ob sie den Wahnsinn nicht gemerkt. Jawohl —
aber sie hielt es für nervöse Gereiztheit; außerdem hatte sie
ein bißchen Angst vor ihm, wenn sie etwa sich nicht mehr
von ihm begleiten lassen wollte; er war übrigens beim Zu-
sammensein heiter und friedvoll und glücklich…

XII.

Als wir uns nach einer guten Stunde trennten, war das Gleichgewicht ihrer Seele anscheinend wieder hergestellt. Sie sprach kopfschüttelnd: »Warum hat er so gelogen?« Ich erwiderte, daß er doch krank gewesen sei. Sie wiederholte immer wieder: »Aber warum hat er so gelogen — seit vier Jahren!?«

Sie war fabelhaft gefaßt, weshalb ich mich nicht enthalten konnte zu sagen: »Seien Sie ehrlich — hat Ihr Leben durch diesen Zwischenfall, durch seinen vermutlich nahen Tod, überhaupt eine wesentliche Veränderung erfahren?« Sie antwortete: »Ich will ehrlich sein, nein! Warum hat er so gelogen?«

Mit dem Gesicht einer Enttäuschten ging sie davon.

XIII.

Theodor ist, in elender Fäulnis, ein paar Monate lang hingesiecht; hernach gestorben. Fast bei lebendigem Leibe zergangen.

Ich habe manches Mal seitdem, in guten Stunden, sein gedacht — mit Lächeln und Schmerz und Freundschaft.

Ins Unbekannte senden ihm diese Zeilen einen (herumirrenden) Gruß.

Die Lehrerin

I.

Kommt schon wieder dieses Gräßliche jetzt in mein Leben? Hier, in dem stillen Wohnhaus, hat sich etwas Furchtbares abgespielt. Jetzt, in den abscheulich düsteren und kalten Herbsttagen Berlins, in allen vom letzten Oktober-Tageslicht eben sparsam erhellten Ecken, Treppennischen, scheint ja der Wahnsinn zu kauern und zu lauern, seitdem jene gräßlichen Schreie einer plötzlich umnachteten Frauensperson verhallt sind.

»Verhallt« klingt lyrisch — als ob es ein friedvolles Austönen war. Das Richtige heißt: erstickt. Die Schreie wurden erstickt... Noch ein paar Tage zuvor hatte die Dame bei mir geklingelt. Es war gegen drei Uhr nachmittags: ich spielte Klavier. Nichts Festgefügtes, sondern schlug, der Gewohnheit folgend, Akkorde mit rezitativischen Tönen dazwischen an — welche den Ausdruck für die jeweils innere Verfassung bilden. Man nennt es phantasieren. Aber niemand behaupte jetzt, daß ich die Dame irrsinnig gemacht — es war ein Tupfen und Summen auf dem Klavier während des Nachdenkens. (Nicht laut.)

II.

Sie klingelte. Eine Lehrerin von etwa fünfundvierzig Jahren. Sie wohnte mit andren Damen zusammen im Haus. Sehr freundlich fragte sie, ob zwischen zwei und vier Uhr vielleicht auf das Spiel verzichtet werden könnte, selbst auf leise Töne, sie komme nämlich dann heim, um zu ruhen, ... jeder äußere Reiz störe sie.

Ich sagte, was selbstverständlich ist, sofort zu — worauf sie von Herzen dankte, sich gesittet in ihre Wohnung begab. Seitdem war nicht ganz eine Woche verflossen. Aus meinem Gedächtnis verwich die eher robust als zart gebaute Erscheinung mit dem abgehetzten Gesichtsausdruck — — bis diese entsetzlichen Schreie laut wurden.

III.

Verfolgt mich derlei jetzt — in mein Glück? in meinen Krach? in meine, ja: eiserne Arbeit?

Warnt mich einer?

Schwer zu sagen, welcher Veränderung die menschliche Stimme fähig ist, wenn eine geistige Veränderung an dem Träger zum Ausbruch kommt. Ich meinte zuerst, irgend jemand habe vielleicht eine Todesnachricht empfangen — denn durch Korridore und Wände dieses leichtgebauten Hauses tönte nachmittags, in der Dämmerung, ein Klagegeheul: »Meine Mutter!! Meine Mu-u-u-utter! Meine Mut...ter!!!«

Fürchterlich. Im Geist sah man das Telegramm, den Augenblick des Öffnens, dann den Anfall einer völlig Überraschten. Stets wieder »Meine Mut... ter!!!«

Aber das war keine menschliche Stimme mehr! Und jetzt scholl es: »Mein Vater! Mein Vaaaater!!« Die Hausgenossen konnten ja noch denken, daß sie sich vorstelle, wie die Nachricht auf den Vater wirken muß. Doch jetzt klang es, und wieder mit einem Ausdruck, den ich im Leben nie gehört: »Mein Bruuuder, mein armer, armer Bruuuder, Bruuuder!!!« Der Ton war so, daß einem kalt wurde bei dem Gefühl: in jener Wohnung liegt ein Mensch auf dem Operationstisch und wird langsam gefoltert. Vielleicht ein chirurgischer Eingriff, ohne daß Betäubung möglich war? Aber nein: auch dann bringt Menschenstimme keinen so fremden Laut hervor.

Stille. Schweigen. Es wird dunkler. Man fühlt, wie alle Bewohner dieses Hauses zittern.

IV.

Und jetzt, noch bevor man Licht gemacht hat, beginnt es von neuem, das Furchtbare — aber jetzt ist kein Zweifel mehr.

Ein kurzer Klageton, dann ein Lachen, daß das Haus dröhnt, und dieses Lachen übergehend in ein nicht zu beschreibendes schrilles Gebrüll. Das ist ein Tier. Man hört ein Tapsen, wie ein Laufen mit nackten Füßen, und ein Aufhämmern mit den Fäusten, dann ein Gegurgel — und Ruhe.

Bis nach etlicher Pause der furchtbare Schrei wiederkehrt, ein jähes heiseres Gebrüll in letzten Tönen, ein grauenvolles Anschwellen, wieder die entsetzlichen Geräusche des Tappens — und jetzt hört man, wie Menschen sich auf sie werfen, das Gebrüll wird erstickt, erstickt. Man hört ein Hantieren, wie mit einem leblosen Körper... Nun versucht man zu arbeiten, draußen liegt Finsternis, aber die Lampe hat nicht ihre besänftigende Macht. Alle Flammen sollen angezündet werden; auf die Bilder aus besonnten, hellen Ländern fließt weißklares Licht.

Dort hängt ein Goyabild — es zeigt vier Mädchen, die in sommerlicher Lust einen Hampelmann, groß wie ein ausgewachsener Mensch, über einem Tuch in die Höhe werfen. In sommerlicher Lust... jedoch es liegt was Gespenstisches über den Augen, den Lippen; der Hampelmann selbst, wie er schief mit seltsam gebogener Hüfte niederfällt, hat einen Hauch von fahlen Bezirken; die Mädchengruppe lächelt. Nein: im andalusischen Gewand stecken Nachtgeschöpfe, bemalte Leichen, kostümierte Acheron-Damen, geschminkte Harpyien — und der schiefe, fahle Hampelmann torkelt so verweserlich durch die Luft...

V.

Jede Stunde, bis tief in die Nacht, erzittert man wieder vor dem jäh aufkreischenden, schrill-heiseren Gebrüll — das jetzt immer sofort erstickt wird.

Der Portier meldet, daß eine barmherzige Schwester die Treppe hinaufgegangen ist. Aber noch lange, noch aus dem Schlaf, wird man wieder durch das Gebrüll der Wahnsinnigen, durch ihre Heiterkeitsausbrüche, durch Laute des Erstickens gepeitscht. Endlich am Morgen holt man sie ab, in einem Wagen. (Das war die Lehrerin, die mit ihren gehetzten Zügen freundlich an meiner Tür erschienen war.)

VI.

... Wenn ein Mann tobsüchtig ist, bleibt es vielleicht eher zu ertragen. Der schlägt wenigstens alles kurz und klein; benimmt sich sozusagen anständig als ein Berserker; der Fall hat nichts Unheimliches.

Doch bei einer Frau, die im Leben taktvoll, zurückhaltend, kurz, damenhaft zu sein gewohnt ist, wirkt so vollkommene Losgelöstheit vom Menschlichen, der Rückfall ins Chaotische viel schauerlicher, viel fremder — sie ist wie ein erstaunlich entrückter Gast von Welten, darin Gewesene lächelnd spazieren mit bläulichen Gesichtern.

Wie unsereinen vollkommene Meeresstille beinah weckt,
an schweigenden Sommertagen — und zeigt, in welchem
Tohuwabohu sich sonst unser Leben abspielt: so tut es, um-
gekehrt, hier der Schrei des Krankseins; als welcher eine
Mahnung ist —: hauszuhalten im Getriebe mit den Kräften,
die einem gegeben sind...

Und oben zu bleiben auf der Welle, der drohenden, dennoch unsagbar herrlichen, in deren Gischt man schwimmt...
Bei eiserner Arbeit.

Irrenbriefe

I.

Seit ich als ein Schriftsteller hervorgetreten bin, bekomm'
ich Briefe von Geisteskranken.

Merkwürdig. Die Briefe sind freundlichen Inhalts? Schon
deshalb müssen die Schreiber krank sein.

Ich konnte das alles niemals unerschüttert lesen.

II.

Aufschwälende Mystik dieser Gegenwart scheint an solchen Schriftstücken ein schwermütiges Seitenstück zu
finden.

Daß es Geisteskranke sind, die da schreiben, erkennt man
nicht bloß an der Handschrift — diese Handschrift zeigt oft
das traurige Merkmal des Zittrigen, Schlaffen, Wirrsäligen,
Haltlosen, müd Erlahmenden. Auch das Abbrechen mitten
im Wort; das Beginnen eines neuen Satzes mitten im alten.
(Außerdem sagt der Stempel der Irrenanstalt, woher die
Briefe kommen...)

III.

Eine davon ist in Schlesien; sie liegt als melancholischer
Punkt in hübscher Landschaft. Seit Jahren schreibt mir ein
Insasse von dort. Ein früherer Landgerichtsrat, den ich nie
gesehn.

Zuerst wurden die Briefe von mir an die (dort ermittelten) Angehörigen geschickt. Hernach unterblieb es.

IV.

Merkwürdig: daß diese Kranken offenbar Lesestoff in großer Auswahl zur Verfügung haben. Neu Erscheinendes wird ihnen bekannt. Sie drücken ihre Verehrung aus — die Gegner eines Schriftstellers hätten hier leichtes Spiel, wenn sie sagten, man müsse verrückt sein, um seine Werke gut zu finden.

(Andrerseits muß wohl ein Autor verrückt sein, damit seine Werke durchgreifen. Die Philosophie der Zeit stammt ja auch von einem Geisteskranken.)

V.

Ein fernerer von diesen Briefen läßt Literarisches beiseite — statt dessen erzählt er nur (und der Schreiber war doch vor zwei Jahren in Berlin ein geistvoller Kopf, ein fröhlicher Kumpan)... der Brief erzählt mit derselben erschlafften Handschrift folgendes:

»Wir leben in schönster Lage umgeben von den Bergen. Meine Frau ist die geborene Landwirtin leider an den Masern darnieder. (Hier hat er zwei Vorstellungen durcheinandergebracht. Er fährt fort:) Das ist eine scheußliche Krankheit, man kann nur sagen pfui Deibel, wir haben dreißig Stück Rindvieh, sechs Schafe, deren schneesse (soll heißen: schneeweiße) Wolle dreiß (soll heißen: dreißig) Pfund wiegt, und mit deren Zupfen ich mich gern beschäftige, fünfzig Hühner, die sehr fleißig im Monat vierhundertfünfzig legen. Eine Putenfamilie, sechs Pferde sie läuft wie der Blitz. Der Junge ist intelligent junge Dame zur Lehrerin, die ihm vieles beigebracht hat. Sie spielt Klavier mit großen Zimmern und schöner Aussicht auf den Schloßberg, dabei für die heutigen Wohnungspreise nicht teuer. Wir können dort den Einzug sehn, der aber noch ein Jahr dauern wird, zwei Schwieger-

mütter über Bord, schwemmte eine Welle fort, ich rettete die
eine, die andre die war meine. Mit schönsten auch von meiner Frau ihr...«

VI.

Ja, dieser Mensch war vor nicht langer Zeit ein schlagfertiger, heiterer Gefährte — was ist es, das ein (schlummerndes?) Übel jäh ausbrechen ließ? Er schien ein Kerl, in dem der gesunde Menschenverstand überwog; Mystik blieb ganz fern.

Das Schicksal hat diesen Taghell-Nüchternen doch unter die mystischen Erscheinungen versetzt.

Vergnügt ist er dabei immer noch — auch unter diesen Kranken gibt es Fröhliche...

Die Frau hat ihn jetzt in einem besonderen Gebäude des bayrischen Guts untergebracht.

Dort erlosch er — zufrieden.

VII.

— — — — — — — — — — — — — — — — —

Das Hirn scheint auf diesem Stern das allgemeinste Handwerkszeug.

Wer vollends berufsleidenschaftlich Geistiges zusammensetzt: Assoziationen; Gedanken; Fragen; Beweise; Widerlegungen; Mahnungen; Meinungen; Gründe; Forderungen; Aufforderungen; Unterscheidungen; wer im Weltraum des Hirns Herumirrendes aneinanderholt und aneinanderhängt; Verworrenes durchquert, sichtet, überhellt; in die Sprache neue Ordnung zu bringen trachtet, in ihre Musik neue Musiken; wer sich mit dem Vokal schlägt; mit dem Semikolon balgt; und (ist es eine Drohung?) manchmal hierbei von jemandem kutschiert wird und Stimmen hört: — — dem gehn solche Berufsunfälle besonders nah.

VIII.

Die Trauer bekommt was Kollegiales.

Irre

I.

Jetzt war ich dort. Schreckliche Behausung der Ärmsten. Wer unter Ärzten jemand zum Bekannten hat, kann da gelegentlich einen Besuch wagen. Melancholischer Fall.

Das Zimmer des Arztes selber, darin er dauernd wohnt und schläft, gibt mir ein sonderbares Gefühl. Hübsch eingerichtet, traulich beinah; sicher elegant — mit Handarbeiten, vielleicht von einer Base. Stille herrscht ... und beim Lampenschein liest man vielleicht ruhig.

Immerhin.

II.

Durch die Stille dringen manchmal Geräusche von fern. Vielleicht harmlose — doch sie haben hier was ... Unbehagliches.

Dann verhallen sie.

III.

An den Wänden ein paar Bilder: das eine: der »Zug des Todes«, üblicher Steindruck; schmaler, schwarzer Rahmen. Sonst würde man drüber wegsehen — hier wirkt es etwas drückend.

»Müssen Sie auch das noch hinhängen?« Der Arzt erwidert mit Lächeln, ernst jedoch, daß neben dem Schrank, im dunkleren Teil des Zimmers, da hinten ein paar Böcklins hängen; Werke der Wonne, Mittagsstücke voll Geschäum und Gejauchz.

Ich muß ihn fragen, ob es möglich ist, daß Irrenärzte vom Irrsinn angesteckt werden ... Er hebt eine Achsel. Nein; er glaubt nicht, ohne weiteres, an epidemische Macht von Geisteskrankheiten — aber die Abgeschlossenheit von der Welt ... Die Einsamkeit ... Diese Gleichförmigkeit ... Die unabwendbaren Erregungen ...

Das kann wohl, hie und da, einen Arzt (der von Hause her dazu neigt) bis in geistige Umnachtung führen ...

IV.

»Erregungen?« . . . Ja. Er sagt still, man eigne sich ein hohes Maß von Kaltblütigkeit im Laufe der Zeit an — unangenehm ist es nur, wenn kleine Überfälle geschehn. Wenn man . . . also bißl zerkratzt wird.

Er sah auf die Hand, zeigte mir ein paar Risse, von den letzten Tagen. Hauptsache, daß der Arzt seinen Kranken selten den Rücken zukehrt.

»Wenn Sie mit mir durch die Räume gehn, halten Sie sich bitte immer so, daß Ihr Rücken gedeckt ist — — aber eine Gefahr besteht nicht, es sind stets Wärter dabei.«

V.

Ich ging mit ihm. Ein Gang, der etliche Stunden dauerte. Schwermütigster Gang.

Ein Kirchhof, selbst eine Anatomie ist nicht halb so niederdrückend. Wer tot ist: der ist weg und abgeschieden; hier aber gehn Menschen lebendig herum, die abgeschieden sind.

Tod: Vernichtung eines Wesens. Hier aber stehn und gehn Verzerrungen.

VI.

Ich komme bei der Wanderung in große Säle mit vielen Betten. Ein junger Mann, in Anstaltstracht, nähert sich; macht eine höfliche Verbeugung. Der Arzt: »Wie geht's?« Er nimmt eine Stecknadel, sticht sie dem Herrn in die Stirn, fünf-, sechsmal . . . Der zuckt nicht; er spürt das nicht. (Er leidet an Empfindungslosigkeit oder Anästhesie.) In liebenswürdiger Form verabschiedet er sich.

Ein andrer, der im Bett liegt, brünetter Mensch, Anfang Dreißig, richtet sich auf und erwidert auf die stehende Frage des Doktors: »Wie geht's?«, mit mißvergnügtem Gesicht, in bekümmertem Ton: »Es geht mir schlecht, Herr Doktor. Ich höre Stimmen; fortwährend spricht mir jemand ins Ohr, meistens ist es der Anstaltsdirektor; er hat sich die ganze Nacht mit mir unterhalten — es geht mir schlecht, Herr Doktor.«

Der Mann war im bürgerlichen Beruf Stadtreisender. Stand mit beiden Füßen auf dem Boden der Wirklichkeit — bis er eines Tags die Stimmen hörte.

VII.

Sein Nachbar gähnt, schiebt sich die Bettdecke zurecht, grüßt freundlich.

»Na, wie geht's Ihnen?« Ich merke gleich, daß man einen gemütlichen Mann vor sich hat. Er freut sich über den Besuch; setzt alles dran, liebenswürdig zu sein... Nur die Sprache schwindet ihm bereits, dem Ärmsten. Er findet die Worte nicht mehr; man nennt das Aphasie. Er ringt und schnappt nach dem Ausdruck, er hascht nach einfachsten Bezeichnungen, man glaubt zu sehn, wie seine »Seele« verzweiflungsvoll danach tastet — alles entschwebt ihm, alles entgleitet ihm... es wird nichts...

Ah ja — eine Reihe von Ausdrücken findet er noch; aber seine Rede gestaltet sich etwa so: als ob in der Druckerei eine schon gesetzte Seite versehentlich einen Stoß bekam, so daß Worte herausgeflogen sind in jeder Linie... und fortwährend eine Lücke klafft.

Noch einmal nimmt er sich zusammen, in aller liebreichen Gemütlichkeit — aber es geht und geht nicht mehr...

Er selber scheint ein Bedauern darüber auszudrücken; verabschiedet sich.

Er ist gezeichnet.

VIII.

Im selben Saal erblick' ich Furchtbares. Ein Kranker ist am Kopf mit weißen Tüchern verbunden; die Tücher sind blutgetränkt. Er hat eine Gewohnheit: den Kopf gegen den Bettpfosten zu schlagen, wie von einer befehlenden Macht gepeitscht. Bis das Blut in Strömen niederrinnt.

Ihm gegenüber liegt einer, bei dem ich mich erschauernd frage: Mensch oder Maschine? Sein Kopf, seine Schultern, sein Genick, sein Rumpf sind in ständiger maschinenmäßiger Bewegung: als ob eine Lokomobile drin arbeitet, arbeitet, arbeitet; dabei blickt das Auge so qualvoll, als flehte der Mensch um den Stillstand dieses entsetzlichen, dieses grausamen Räderwerks ...

IX.

Nicht alle Säle sind so zerfleischend. Es gibt welche, die machen fast einen gemütlichen Eindruck.

Ich staune sehr, wenn hier um den Tisch, in einem großen, lampenerleuchteten Zimmer, etwa dreißig bis vierzig Männer sind, die sich unterhalten und Skat spielen.

Als wir eintreten, unterbrechen sie höflich das Spiel; erheben sich; wünschen uns guten Abend.

»Na, meine Herren, wie geht's?« Sie lächeln verbindlich; rufen im Chor: »Danke schön, Herr Doktor!« bieten Stühle an — doch wir sagen, daß wir leider nicht viel Zeit haben ...

Diese Gesellschaft besteht aus verschiedenen Krankengattungen. Schon vorher hat mich der Arzt, in lateinischer Sprache, stets aufmerksam gemacht, wenn ein Mörder grüßte.

Der Doktor verteilt nun Händedrücke. Dieser Stille dort hat seine Frau stranguliert; der drüben hat ein Mädchen aus der Welt gebracht; beide wirken in Gruß und Wesen fast übermäßig zartfühlend. Ein andrer beging Mord ohne Ursache; ohne jede Ursache; liebenswürdiger Mensch mit etwas nachdenklichem Zug. Er ist seit zwölf Jahren hier.

Wir gehn, ohne der Einladung zu folgen, weiter.

X.

Auf den Korridoren meldet sich bisweilen jemand, der ... nicht zu verkennen ist. Einer knickst, hat religiöse Halluzinationen. Der Heiterste, Graf und ehemaliger Kavallerieoffizier, lacht unterbrechungslos, unterbrechungslos.

Aber die meisten hier wirken nicht wie Irre; man kann mit ihnen vernünftig reden — — nur haben manche plötzlich einen wunden Punkt: eine kleine fixe Idee, die sich nach langer Gesprächsdauer (in jeder Unterredung nicht) enthüllt. Sie haben bloß einen einzigen Sparren — und scheinen sonst gesund.

XI.

Ja, am seltsamsten dünkt mich das Gespräch mit solchen Leuten, deren geistige Kultur auf zehn Schritt zu merken ist (sie sprechen mit mir in so sicher-korrekter Art, gewissermaßen voll geistigen Takts); und die nur, wenn das Gespräch an einen gewissen Punkt kommt, von unglaublichen Dingen erzählen: von einer Schlacht in der Reichenberger Straße, mit allen strategischen Einzelheiten; und die, wenn man es bezweifelt, mit einer leisen, feinen Sicherheit in demselben Ton Tatsachen (die sie ja besser wissen!) belehrend wiederholen ... Und hat, hat, hat denn die Schlacht in der Reichenberger Straße nicht stattgefunden? Findet etwa meine Umwelt statt? Oder wird sie von meinem Hirn vorgestellt?

Und wenn kultivierte Menschen von Stimmen berichten, die mit ihnen reden; klagend, voll Bedauerns: sind diese Stimmen nicht eine Realität — so gut wie der Schreibtisch eine Realität ist, an dem ich sitze.

Ist es »wirklich« eine Realität? — —

Es gibt keinen Unterschied.

XII.

Andre sind hier, die nur vollkommene Widerstandsunfähigkeit im Lebenskampf zeigen, sobald sie frei sind —: sie begehn sofort unbegreifliche Torheiten, kindische Betrügereien, benehmen sich als unmündige Wesen, ohne »verrückt« zu scheinen. Man würde sie bald für Windhunde von bodenlosem Leichtsinn halten, bald für Leute mit schrulligen Einfällen. Sind sie verrückt?

Der Irrenarzt glaubt an ihre Krankheit. Und hier ist der Punkt, wo ich das fragendste Gefühl habe. Hier fragt man sich bißl beklommen: Wo ist der Kreidestrich ... zwischen uns absonderlichen Menschen ... und gestempelt Irrsinnigen?

Doch der Arzt erwidert: »Wir erleben es jeden Tag an den Leuten: sobald sie draußen sind, machen sie wilde Dummheiten — sie sind nicht verantwortlich.«

Also schön.

· ·

Von der trübseligsten Abteilung will ich fast schweigen.
So tun, als hätte man sie nicht gesehn.

Nein — reden!

Das sind: Paralytiker im letzten Stadium — Todgeweihte.
Der allertiefste Jammer duckt und glotzt und verdämmert in
diesem Saal. Der Arzt weiß, wann es mit jedem ungefähr zu
Ende sein wird.

Sie selber scheinen ihr Schicksal zu fühlen. Ich glaube das
in ihrem hoffnungslosen, sehr traurigen Blick zu sehn.

Das ist furchtbar. Alle Funktionen schlafen ein; sterben ab;
sie beschmutzen sich . . .

Ja, diese Erledigten wecken das Gefühl, als beweinten sie
ihr Los; und das allgemeine Menschenschicksal.

Sie sind von einer dunklen Bestie bewegt, die sich einge-
krallt hat; die über Menschengeschöpfe herfällt, aus unbe-
kannten Zonen; die allerhand zugrunde gehn läßt: kleine
Welten, große Welten . . . fast ohne Unterschied.

Das ist der alte Feind — den wir anbeten.

XIV.

Kleine Mädchen . . . wo seid ihr jetzt? Flatterhafte Frau . . .
wo fliegst du jetzt? Briefträgerstochter . . . warum lachst du
jetzt?

Mensch, du selber . . . wofür kämpfst du jetzt?

Welches ist meine Zeit?

(Jahrhundertwende)

I.

Welches ist meine Zeit? — Ich spreche nur von meiner ersten Hälfte (hoffentlich von meinem ersten Drittel . . . oder
Viertel?).

Das Seltsamste dieses Jahrhunderts ist: daß es mit Napoleon dem Ersten beginnt und mit Wilhelm dem Zweiten schließt.

Wilhelm ist am Ausgange des Jahrhunderts gewissermaßen der Herrscher von Europa: wie Napoleon der Herrscher von Europa gewissermaßen im Anfang des Jahrhunderts war. Das Regiment Wilhelms dauert offenbar länger als das Napoleons. Es besteht jetzo zwölf Jahre.

Auch sind bei uns die Verhältnisse gefestigter; namentlich kraft einer mit ziemlichen Kosten von den Bürgern dieses Landes erhaltenen Armee, welche zum Schutze sowohl gegen den äußeren, als auch gewissermaßen-sozusagen nötigenfalls gegen den inneren Feind zu dienen hat.

Endlich: Napoleon usurpierte, während Wilhelm erbte... (Noch allerhand Unterschiedspunkte zwischen den zwei Herrschern ließen sich anführen.)

II.

Die Leute fragen jetzt hier: ist es richtig, den bevorstehenden Anbruch eines neuen Jahrhunderts zu feiern?

Ein arithmetisches Jahrhundert bildet, wie sich von selber versteht, keinen notwendigen Abschnitt. In unsrer letzten Geschichtsentwicklung ist der Abschnitt mit dem Jahre Siebzig da. Zugleich, da wir die Vormacht sind, ist er auch in der Weltentwickelung da.

Andrerseits fällt der frühere Abschnitt nicht auf das Jahr 1800. Sondern vorher: auf den Ausbruch der französischen Revolution. Nicht wahr?

(Eine liebliche Beobachtung nebenher: daß etwa hundert Jahre nach der Zeit der großen Aufklärung, der Verstandesrichtung, des Rationalismus in Rom Se. Heiligkeit der Papst die Unfehlbarkeit kündet und daß es »geht«. Raum für alles hat die Erde. Neben dem »Vorwärts« besteht immer noch die »Kreuzzeitung«.) (Früher allerdings bestand der »Vorwärts« gar nicht.)

III.

Neben dem wissenschaftlichen Darwinismus, der an allen Staatsuniversitäten offiziell gelehrt wird, besteht unter Wilhelm der Zwang für Prediger, an das Apostolikum zu glauben.

Die vorgeschrittenen Wissenschaftler, wie der heut größte deutsche Chirurg, Herr Professor Bergmann (von dem ich's aus eigner Erfahrung weiß), gehn in die Kirche, um ihre Kinderchen alldaselbst einsegnen zu lassen. Deutsche Männer, die wissenschaftlichen Glauben und Lebensführung in Einklang bringen, sind unter Wilhelm dünn gesät.

IV.

In gewissen Dingen ist man vor hundert Jahren freier gewesen.

In Frankreich sind »Menschenrechte« damals erklärt worden, heut ist im wesentlichen dort Geldherrschaft. Kirche, Soldateska suchen eine Macht zu bilden — dem Errungenen von damals entgegengesetzt. Dreyfus-Jahre.

V.

Weiter. Mußt dir über deine Zeit klar sein.

Amerika: herrlich-freies Land mit Demokratie und Republik und sonstwas; es herrscht aber auch dorten zufällig — und noch viel toller — heut das gemeine Geld. Außerdem machen diese Brüder jetzt einen dreisten Raubzug wider Spanien, welches Land heftigen Rheumatismus in den Beinen hat — Blut fließt knüppeldick, Schiffe sehn sich in die Luft gesprengt, Leutnants werden Nationalheilige, die Freiheitsrepublik tut sich keinen Zwang an...

Auch das liebe England, Hort hoher Kultur, besonnener Gesinnung, wohltätiger Institute, macht einen frechen Raubzug auf den Goldbesitz eines kleinen Stamms in Südafrika; schießt mit bestialisch hergerichteten Kugeln, welche nicht nur töten, sondern des Spaßes halber auch zerreißen; — die vorgeschrittne Welt sieht mit schelmischer Neugier zu.

VI.

So liegen die Dinge jetzo. Daneben wächst gewaltiger die Strömung von unten, welche sogar die Dummen mit den Klugen gleichstellen will aus grenzenloser Ethik; den Kampf schlichten will in gerechter Verteilung des Besitzes. Für viele die stärkste, die einzige Hoffnung.

Da steht aber ein Mann auf, im eignen Lager: und erschüttert den Glauben an diese Religion. Er sagt: unser Glaube, meine Lieben, ist nicht die einzige Möglichkeit, nicht das Heil, außer dem kein Heil ist (und auf diesen Monopolglauben hin folgen doch die Massen; die römische Kirche ist so gescheit!), sondern, meine Lieben, auch den andren Strömungen lassen wir in gewissem Sinn ihr Recht, indem wir nicht allzuweit von ihnen uns entfernen; nein, wir sind nicht das alleinige Heil...! So spricht er.

Ehe denn wenige Jahre vergehn, wird auch dort eine Kluft klaffen; in diesem zerspaltensten aller Zeitläufte wird eine Spaltung mehr sein.

VII.

Man weiß nicht ein; ebensowenig aus... Die christliche Weltanschauung, die seit zweitausend Jahren auch von fortgeschrittenen Geistern doch im ethischen Teil zugelassen ist, erfährt in einem jenseits von Gut und Böse arbeitenden System die schwerste, brutalste Anbohrung. Gentlemanverbrecher-Instinkte rücken zur Philosophie auf.

VIII.

Nebenbei eine kleine Perspektive, husch-husch, auf die Eingeborenen fernster Lande, die wir »aufteilen« möchten. Wir teilen auf, und sie kommen über uns.

Wie die germanischen Wilden über Rom kamen, so könnten sie, von innen aus, dieses Reich, diese Welt, diese westliche »Gesittung« erobern. Husch-husch.

IX.

Uralte Kulturländer Europas, meine Lieben, sind an der Stirn gezeichnet.

»Amerika, Rußland, England und vielleicht Deutschland werden die Welt beherrschen«, hat der Professor Schmoller jetzt gesagt. Deutschland nur dann, hat er gesagt, wenn es die Flotte macht. Unsre Zukunft liegt im Dunkeln, wüste Worte hört man munkeln. Das hat er nicht gesagt.

Dazu kommt, daß man von einem Weltteil zum andren Nachrichten blitzen kann; daß man von einem Land zum andren eigenstimmig plaudern kann; daß man Geldschränke von außen durchleuchten kann; in menschliche Leiber hineinsehen; daß man vorläufig in fünf Tagen von Europa nach Amerika jagt; daß man Menschen in Schlummer versenkt, ihnen Aufträge so gibt, welche sie dann vollführen; daß man Eisenbahnzüge in allen Stadien der Bewegung festhält, die Bewegung in Bildern wieder erstehn läßt; dazu kommt, daß man an der Seine jetzt das tolle Wunder eines Turms erbaut, höher als der Turm zu Babel und alle Bauwerke der Welt. Kurzum: die Zeit ist aus den Fugen.

Als das Raubtier Rom die Welt ausgesogen hatte; als eine Welt erstand und eine Welt zusammenbrach: da war kaum die Ratlosigkeit fiebriger als heut. Was will das werden? fragen sich alle, blicken aufeinander von der Seite... und sagen: wir wissen es nicht.

X.

Selbst ICH weiß es nicht... O Spaß!

Soll man kämpfen? Gewiß! Wenn man es nicht tut, wird angenommen, daß man ein schlechter Sohn seiner Zeit ist — und kein voller Mensch.

Aber wenn man es tut, erlebt man den Erfolg nicht. Der Enkel im siebenundzwanzigsten Glied, der ihn erlebt, steht mir eigentlich fern. Und sogar der erlebt ihn nicht — möcht' man sprechen. Für wen arbeiten wir?

Vielleicht arbeiten wir für die Chinesen? Für Japan? Für künftige Ritter-Askaris?... (Von mir aus —!)

Unter solchen Umständen liest man mit Vergänglichkeitsgefühlen ein römisches Sprichwort: Bene vixit qui bene latuit; gut gelebt hat, wer verborgen gelebt hat.

Voraussetzung: daß im verborgenen Dasein ein verborgenes Glück besteht. Ist es das Wahre?

Aus der Zeit der Christenverfolgungen sah ich zu Rom allerhand Grabsteine, Sargtafeln, in Katakomben. Wir Heutigen lesen dort, wie Eltern ihren Sohn geliebt; eine Schwester den Bruder; ein Mann die Gattin — vor zweimal tausend Jahren. Und wie Liebe mitten im wildesten Gebraus der Welt, da Ströme von Blut über die Erde jagten und Feuer den Himmel überfackelt hat — wie damals Liebe der Pol war für kleine Bündel der Menschen und für den einzelnen. Ist das der Ausweg?

Zu schmaler Ausweg.

XI.

Übrigens: Als Rom Ägypten eingesteckt hatte, das Land Hellas ebenfalls, und etliches auch noch: war damals irgendein Unbekannter, namens Cajus, glücklicher als vorher? Ist heut wirklich der einzelne Franzose viel unglücklicher, seit wir Elsaß-Lothringen haben?

In jedem Fall: das ablaufende Jahrhundert war das deutsche Jahrhundert.

XII.

Deutschland ist geeint (darum sind wir auch alle so glücklich). Deutschland hat in diesem Jahrhundert den größten Staatsmann hervorgebracht, den größten musikalischen Künstler, den größten sozialen Umwälzer, auch den einschneidendsten Künder der neuen Unethik — um bloß von der zweiten, ausschlaggebenden Hälfte zu reden.

Die stärksten fortschrittlichen und die stärksten rückschrittlichen Gewalten sind aus Deutschland gekommen.

Mit dem Phänomen Goethe (am Eingang) trägt Deutschland den Sieg auch in der Dichtung davon.

Dies Jahrhundert war das deutsche Jahrhundert.

XIII.

Entwicklungen, die sich anbahnen, brauchen Säcula, bis die Ergebnisse da sind. Wir werden sie nicht sehn.

Wir fühlen bloß den Kampf.

Wenn aber das Bewußtsein, in einem der grandiosesten und konfusesten Augenblicke gelebt zu haben, Seligkeit ist — dann können wir alle, alle selig werden.

Begegnung

I.

Wer du auch seist,
    Ob du dich selbst nicht kennst:
Verfeinte Dame? Nebelgeist?
    Bezauberndes Gespenst!

Ich glaub': ein Stern hat sich geschnäuzt
    Und spie dich in das Ungefähr:
Still hast du meinen Flug gekreuzt
    Und fliegst ein Stückchen nebenher.
        Ich leuchte, wenn dein Blick erglänzt —
        Bezauberndes Gespenst.

II.

Nicht lang zu leuchten ist dein Amt;
    Du leuchtest zart und flackerhell,
Bist zum Erlöschen früh verdammt —
    Stirb nicht zu schnell.

Halb Gütiges, halb Arges ruht
    In deinem unerforschten Licht.
Sei, was du willst: sei schlecht, sei gut —
    Nur stirb mir nicht.

III.

Oft sind mir lästige Lauscher nah,
    Gespitzter Ohren Neubegier;
Dann sprech' ich leis: »Ne mourez pas;
    Oh, je vous défends de mourir.«

Und wenn du mir das Herz verbrennst,
    So lache mir ins Angesicht,
Tu alles, was du »stark sein« nennst,
Du mein bezauberndes Gespenst —
    Nur stirb mir nicht.

IV.

Nur: stirb mir nicht.

Bauerbissen

I.

In der Weihnacht geboren sein, wie ich: das ist eine Häufung.

Das ist, als ginge man »dreimal des Tags in die Komödie« — welche Redensart meine verstorbene Großmama, Frau Amalie Calé, recht gern gebraucht hat.

Eine zarte, feine Frau; trug beiderseits gerollte weiße Löckchen und sang zur Gitarre.

Drängten sich Genüsse, so nannte sie das »dreimal am Tag in die Komödie gehn«. (Sie wußte, wenn sie von Genüssen sprach, nicht, daß ich Kritiker werden würde.)

II.

Häufung. Überfluß!... Auch Briefe von Leserinnen bekomm' ich nun schon, tonnenweis. Deshalb seh' ich manchmal so munter, selig und stolz aus, ja gewissermaßen glückswahnsinnig, übermütig, ausgelassen und sozusagen frohbewegt, auch grenzenlos zufrieden, freudvoll, jubeldurchzittert und, wenn ich so sagen darf, hüpfend —; stets im Zusammenhang mit meinem Wiegentag und Geburtsfest in jener Lichtnacht.

Und weil ich trotzdem nicht gekreuzigt werde: sondern (immerhin!) bloß in freiwilligem Opfer (zwecks neuartiger Sichtbarmachung meiner Wesenheit) die Sünden der irdischen Dramatiker auf mich nahm durch Kennenlernen ihrer Stücke.

Hei, wieviel Briefe werd' ich diesmal wieder empfangen zu meinem Wiegentag in der Lichtnacht — (ein tiefes Mitleid faßt mich mit dem Postboten).

III.

Und doch — kleine Nachdenklichkeiten ziehn herauf. Die Zeit vergeht; die Zeit vergeht.

Weit in der Ferne liegt der »Kindelmarkt« in der schlesischen Stadt, wo man aufwuchs. Lebte man dort, man würde wahrscheinlich ihn vermaledeien. Doch weil man woanders lebt: so meldet sich die kleine Sehnsucht.

Questa è la vita.

Berlin ist schön, Berlin ist groß. Am schönsten zur Weihnachtszeit. Oft wünscht man sich weg aus dieser Stadt. Zwanzigmal im Jahre faßt man den Plan, nach Italien durchzubrennen.

Nach Florenz würden mich keine zehn Pferde ziehn — ich bekenn' es offen, Leser. Ich habe dieses Nest im Magen.

Dagegen würd' ich gern mit dir, verrückter Musikante, zänkischer Freund, noch einmal nachts in einem Maultierkarren hinauf gen Fiesole fahren, aus der mondblauen Flußebene nach dieser Bergstadt, so vor Zeiten Faesulae hieß. Auch noch einmal mit dir vom Apennin eine Pupille gen Vallombrosa schnellen; mit der Verpflichtung für uns beide, das Maul zu halten während des Aufstiegs.

IV.

Wenn es aber ganz toll über mich kommt, dann schrei' ich nach Rom — worunter eigentlich Frascati zu verstehn ist; und er steigt in Berlins November auf, der Felsenort, schwebend über was rötlich und violett und grün Wogendem, worauf man hinuntersieht: ein festländisch Abendsonnenmeer, mit überirdischen Schatten, sterbendem Gestrahl; und man gießt frevelglücklich den Wein des Wirts Aemiliano Capillone hinunter (goldstrotzenden, wenn man von Otto Erich Hartleben einen Gruß ausgerichtet); und hinten liegt die große Blutstadt, Rom, an der letzten Grenze der Dämmerung, und hier oben führen die Frascataner Mädchen, zu zwölfen an den Händen gefaßt, ihre Augen spazieren. Freiheit! Freiheit! Freiheit!

V.

Aber man kann jetzt nicht fort von Berlin. Ach, zwar träumt man das einmal erlebte Glück wieder. Doch wenn, wenn, wenn man fort könnte, das Glück währte nicht lang.

Du selbst, Musikante, warst in Faesulae so wurschtig gegen die hesperische Natur. Schienst immer zu sagen: Ja, ja, sehr hübsch, ... aber wenn ich Geld hätte; — sehr lieblich ... aber wenn ich einen Verleger fände; — höchst pittoresk ... aber wenn ich fort könnte von Frau und Kind; — wahrhaftig anmutig ... aber kein Mensch singt meine Lieder.

Auch bei unsereinem würde das Glück sechs Wochen dauern. Dann würde man seine Geliebte verlassen; eine neue suchen; Frascati links über die Schulter ansehn ... und nach Berlin jagen; die Natur von sich stoßen ... und Dramen ersehnen; den Tiber hassen ... um die Panke zu lieben.

Und ihr sagt, das perpetuum mobile sei nicht erfunden!

(Bisweilen auch wird man von blödsinnigem Verlangen erfaßt nach der Stadt Paris — ich spreche jetzt von ihr nicht ...)

VI.

— — — — — — — — — — — — — — — — — —

Aber einmal im Jahr will ich mit keinem andren Orte tauschen, wenn ich in Berlin bin. Zu Weihnachten.

Nicht mit Hamburg, nicht mit Pisa, nicht mit Kottbus. Nicht mit Honfleur sur mer, Departement Calvados, nicht mit Ajaccio, nicht mit Alt-Treptow a. d. Tollense, Kreis Demmin, Regierungsbezirk Stettin.

Sondern zwischen der Potsdamer Brücke, dem Brandenburger Tor, dem Polizeipräsidium am Alexanderplatz, der Kaiser-Wilhelm-Gedächtniskirche, der Friedrichstraße, der Siegesallee fühlt man sich einen Tag, trotzdem, fast heimisch.

Es feiert sich das deutscheste der Feste wohl am komfortabelsten in dieser Hauptstadt.

VII.

Kurz, gar nichts wäre auszusetzen — wenn es auch Bauerbissen gäb' und Mohnklöße. Es gibt sie nicht. Jetzo kriecht heimlich die Erinnerung empor an den schlesischen Kindelmarkt. Oh, wie liegst du weit!

Bauerbissen, erdrüchigster aller Pfefferkuchen, den man in Schlesien für einen Sechser pfundweise fröhlich aß, er läßt sich nicht aus der Erde stampfen. Verschollen sind die Tage, wo die Kinnbacken schmerzten, vom vielen Kauen des frischen, weichen Zeugs. Bauerbissen, du lächelst aus der Geisterwelt; dich neigend; einsam schwindend. Bauerbissen, du Vergänglichkeit. Nie kann ich dich wieder so fressen (es muß heraus, das Wort) wie einst im Dezember.

(Bauerbissen, was in Berlin unter dem Namen verschleißt wird, ist altes Leder. Zähne bricht man sich aus. Nach Wichse schmeckt es.)

VIII.

Und auch ihr, meine lieben Mohnklöße, seid eine Schwermut: wie versunkene Kränze. Semmel in Wasser mit schwarzem Mohn und Vanille: darin liegt's! Hier aber nennt man euch — uäh, uäh! — Mohnpielen. Uäh, das ist eine gemengte Speise von süßlichem Rosenwasser, mit kleinen, glitschigen Würfelchen und weißem, fadem Mohn; schmeckt nach nichts.

Uäh, uäh!

Steigt empor, wahre Mohnklöße der bittersüßen und vergehenden Jugend; heut um das dreißigste Jahr. Schlesiens Mohnklöße.

IX.

Das Leben ist ernst; man ward ein Kritiker (und erinnert sich fast mit Ironie an die süße, gütige, feine Großmama). Man ward ein Schriftsteller; der Kindelmarkt liegt weit.

Nichten wachsen heran, unvermählt ist man ja gottseidank noch, und hat neulich einen Puppenwagen besorgt. »Ist es für Ihre Kleine?« fragt mich das Ekel im Geschäft.

Töchter mit halbmeterhohem Puppenwagen traut man mir schon zu. Ekel, infames, dämliches, miserables, schieches.

X.

Schade, daß man bloß einmal lebt. Schade, daß man bloß einmal um Dreißig ist.

Schade, daß manchmal ein Wink aus dem Dunkel dräut.

XI.

Nun, ich bin jetzt am Anfang des Sommers.

Um das dreißigste Jahr

I.

Seit meiner letzten Niederschrift ist es Frühling geworden. Vor neun Tagen, am 21. März, abermals Frühlings-Anfang. Doch etwas ist verändert.
Am zwölften März starb mein Vater.

II.

König David glaubte, vor drei Jahrtausenden, an Gott und sang zur Harfe: Du lässest Brunnen quellen in den Gründen, daß die Wasser zwischen den Bergen hinfließen; daß alle Tiere auf dem Felde trinken und das Wild seinen Durst lösche; an denselben sitzen die Vögel des Himmels und singen unter den Zweigen.

Der König David ist tot, seine Knochen sind zerfallen, sein Stern ist zerfallen. Der Frühling kehrt wieder, seine Gloria wird grüßen und leuchten. Die Erde wird auch diesmal Gräser tragen, und es werden Frühlingsblumen wachsen. Die Zeit geht ihren Gang.

Doch etwas ist verändert.

III.

...Deutschland war jetzt von einer merkwürdigen »lex Heinze« wie von einem dummen Traum beängstigt. Wilhelms Mannschaft hatte die Absicht, den von einem Zuhälter begangenen Mißgriff am geschriebenen Wort seines Volkes, dessen komischster Obmann er ist, zu sühnen.

Welches Glück, daß es mit dieser lex nicht ging.

IV.

Wir leben in Deutschland jetzt in einer Ära der gehäuften Glücksfälle... Es kam ein Volksschulgesetz, das ist abgewehrt. Es kam ein Umsturzgesetz, das ist abgewehrt. Es kam dies Heinzegesetz, auch das ist abgewehrt. O Glück, o gehäufter Segen. Wir können uns gar nicht mehr retten vor Schicksalsgunst, und das Land muß aufblühen, wenn es noch öfter mit Anspannung letzter Kräfte die Schlingen abstreift, die man ihm um die Kindergurgel legt.

Dies Abstreifen ist ja die wesentlichste politische Arbeit unsres Volkes — seit zehn Jahren.

Wir jubeln nicht über errungenen Nutzen: wir jubeln über vermiedene Schäden.

V.

Die Zeit geht ihren Gang. Wollen sehn, was sie bringt. Für mich ist etwas... verändert.

Mit der Mama nach Venedig gereist. Dann mit ihr nach Brüssel und Holland.

Mit Annchen und Mama wieder in Venedig.

VI.

Mir scheint: erst jetzt ist die Knabenzeit aus... um das dreißigste Jahr.

Ich will sammeln, was ich bisher im abgestempelten »Beruf« schrieb — und es vor die Welt legen.

(Als ein Wächter am Tor des deutschen Dramas? Nein. Als ein Satzbildner.)

VII.

Die Knabenzeit ist aus.

Irrtümer mit ihr. Doch ich hoffe, hoffe, hoffe: die Irrtümer nicht für ewig.

VIII.

»Es sei wie es wolle — es war doch so schön!«

(Hier endet der letzte Zyklus.)

Nach dem dreißigsten Jahr

Garten

I.

Endlich ist man wieder in seinem Garten, jetzo draußen vor der Stadt, nach dem Grunewald hin, und läßt sich, nur mit einer Badehose versehn, von der Sonne bescheinen.

Sie dringt hier durch die Weinblätter-Wildnis, welche den luftbadenden Körper nach der einen Seite vor Blicken schützt...

Berlinische Sonne. Mir ist, als strahlte sie Sand aus.

Keinen salzigen Sand von Fluthauch umfrischt: sondern einen unbemittelten, anständigen Sand, der sich so durchhungert...

Ich bin ein Mittelmeermensch. Nach dreitausend Jahren immer noch.

II.

Es blühen aber Magnolien und Begonien; die ersten Knospen meiner Rosenstöcke (mehr als hundert sind es) brechen durch — und Gras glitzert, wenn der von mir bestellte Hüter nachmittags um sechs den Schlauch darauf hißt...

Rosen in Berlin. Sie duften am Mittelmeer nicht schöner. Aber die Weinbeeren?

III.

Ich pflege die kleinen blauschwarzen Weinbeeren meines Gartens Besuchern vorzusetzen.

Die gehn dann schnell.

Der »Seeger«

I.

...Drama von Hauptmann, Nachtsitzung mit guten Freunden, Atzung nach dem Theater, diese mit was Dunkelrotem oder Perlendem beträuft. Morgens oft Arbeit, hitziges

Indiestadtjagen, Auto wartet auf Anruf schon vor der Tür, dann ein Mittagsmahl, Besorgungen, Einladungen, Verabredungen.

Zwischendurch immer freiwillig-härtestes Arbeiten; bisweilen wie schwebend im Fluge.

Jetzt kommt ein Dramatiker, Jüngling, setzt sich in das arabische Zimmer, nicht weit von den Seehunden, liest Jamben, Aufruhrworte, Schmähungen, Himmelsbrände, Todesstimmungen, Untergänge, Flüche.

Ihm gegenüber; gerädert, erschlagen — kann doch nicht ausreißen.

II.

Das Leben verfliegt, fünf Stunden war er da; man hat kaum Zeit, vor dem Schlafengehn etwas noch für eignes Wohlgefühl zu tun: indem man etwan eine alte schlesische Bauernuhr an der Wand des schlesischen Bauernzimmers in Gang bringt und, während die Mitternacht schon näher zieht, auf das Zifferblatt starrt, wo die Zahl 1712 in schwarzen Buchstaben an den kurzen Aufenthalt alles dessen, was Mensch ist, hier unten mahnt.

Menschen sind früh tot. Könnte man so lang wenigstens dauern wie ein Ding.

III.

Meine Uhr schlug Schlesiern, als ihr Land österreichisch war. Sie schlug heimgegangenen Seelen im Waldenburgischen, im Glätzischen, bevor der alte Fritz, einstens der junge Fritz, mit Kriegen durch die Welt rumorte; nun schlägt sie hier in der Hauptstadt des Reiches; mir. In dem still mit heimischen Raritäten besetzten Speisestübel einer andren Zeit — alle Stunden ist es, als wenn ein kleiner Mann sich aufrichtet und an ein Sektglas schlägt. Diesen Ton haben von meinen schlesischen Landsleuten nicht ganz wenige gehört — deren Nachlaß sozusagen heut ein paar Kalkreste sind.

IV.

Verfallen sind ihre Schränke (nur aus der späteren Zeit besitz' ich noch drei Stück, einen Brotschrank, einen Brautschrank und einen Tellerschrank) — zerfallen sind ihre Bänke, ihre Schemel, ihre Tische, mit denen modische Bauerngeschlechter töricht ihre breiten Öfen geheizt, weil sie nach städtischer Form gestrebt: jedoch der »Seeger« ist geblieben.

Seeger nennen sie die Uhr. Ist eine verderbte Form für »Zeiger«... Nach dem Zeiger nennen sie den ganzen Gegenstand. Und der hier mit seinen Sektglastönen ist »a sehr a scheener Seeger«, das will ich meinen.

V.

Zwischen den Bauernschränken, den Heiligenbildern, dem Spinnrad und hundertjährigen bunten Robinson-Wandbildern, neun Stück, auf denen man sieht, wie Robinson Crusoe auszog, wie er den schwarzen Freitag rettet und wie er heimkehrt — zwischen diesen Dingen und über den Bänken und Schemeln tickt der Seeger von 1712.

Die Schlesier ahnen kaum, daß ihre schlichte Ausdrucksweise hier merkwürdig mit der französischen Hand in Hand geht. Als mein Onkel neulich die Uhr sah (er heißt mehrstens Tine, oder manchmal nenn' ich ihn Busch, wegen holder Haarwildnis, er besuchte mich, um einen Spaziergang zu machen), sprach er:

»Das ist ganz wie im Französischen. Montrer heißt zeigen, deshalb sagen die Franzosen la montre für den Zeiger — und sie benennen danach die ganze Uhr.« (Mein Onkel spricht, nach längerer Bekanntschaft mit mir, die Sprache der Gallier wie Öl — obschon er nur eine Briefträgerstochter ist.)

VI.

Und als er ausgeredet hatte, begann der liebe, rüstige Herr Seeger an sein Sektglas zu klopfen... und sagte dabei unhörbar, diesmal jedoch auf lateinisch: hora ruit, was zu deutsch heißt: die Stunde eilt von hinnen.

Ich habe das deutlich gehört, und sah auf meinen Onkel, welcher (seinerseits) unbeweglich auf den Perpendikel sah.

VII.

Herr Seeger ist sehr auf dem Posten; im Jahre 2050 wird sich mancher noch an seiner Rüstigkeit freuen. Mein Onkel nicht. Ich nicht. Auch keiner von den frühesten Lesern dieses Tagebuchs. Das steht fest.

VIII.

(Schade!)

Junggesellen-Flucht

I.

Ich bin Junggesell... und lese von der Flucht oder heimlichen Abreise des alten Tolstoi — weg von den Seinen.

Ist es im Grunde so merkwürdig?

Ach nein; etwas von der Neigung dieses alten Mannes (der in seinen Männerjahren machtvoll war als Dichter des Lebens mit Schuld und Glück, mit Glanz und Gier und Vielfältigkeit und Rausch — um dann im Greisenalter nur ein Religionsstifter zu sein, vielmehr ein Auffrischer von alten Religionsideen): etwas von dieser Fluchtneigung steckt in jedem von uns, die wir Junggesellen sind.

II.

Ich sage mir:

Ein Mensch, der allein lebt, wird sich letzte Fragen häufiger stellen als einer, dem Frau und Kinder mit liebenswürdiger Unruh' die grüblerische Zeit kürzen.

Es ist natürlich, daß auch ein Vermählt-Betagter, dessen Gewissensdrang ihn über das Alltagsleben hinaus gewiesen hat — daß er sich solche Fragen mit einem Eifer vorlegt, der steigt, je näher der Tod zu erwarten ist.

Und natürlich will er bei diesem Nachdenken nicht gestört: er will allein sein... Die Familie, namentlich die Gat-

tin, die suchen ihm das Leben durch gütige Sorglichkeit er-
tragbar zu machen — aber sie hindern ihn, an das Wichtigste
zu denken, das bald über ihn hereinbrechen wird. Das ihm
jetzt Hauptsache scheint. Liebe, Familienzerstreuungen
kennt er; hat sie ein Leben hindurch gehabt, sie besitzen ihr
Gutes; schön — aber jetzt wirken sie störend, weil sie durch
Ablenken, durch Geschäftigkeit, durch das Unterbrechen
heilig-erwartungsvoller Stille den großen Augenblick ver-
kleinern, den jeder (in der Wirklichkeit; nicht in der Vorstel-
lung) nur einmal erlebt.

III.

Tolstoi ist ein ganz alter Mann...

Wir Jüngeren haben noch die Zerstreuung, einen Ruhm
begründen zu müssen, Liebesgeschichten durchzumachen,
gelegentlich Widersacher zu verhauen, neue Länder kennenzulernen, neue Weine zu trinken, neue Tabake zu rauchen,
unsagbar herrliche Segelfahrten zu machen, und wasweißich
— aber ein sieches Gebein hat einstens alles hinter sich; den
Ruhm kennt man; von Liebeserfolgen wird man gesättigt
sein; das Glück heranwachsender Töchter und Söhne sagt
nichts Neues mehr; und auch manchen Tabak wird man ge-
kostet haben. Guten Schnaps, schlechten Schnaps — der Unterschied scheint hernach nicht mehr so groß wie Ihnen,
Mitmensch, und mir; das alles liegt hinter einem. Was?

Doch man muß über Achtzig sein... Vorher nicht.

IV.

An ähnliches hat also gewiß der alte Mann in Jasnaja Pol-
jana mit der letzten Innigkeit seiner Seele gedacht.

Die Gattin ist sehr lieb und gut, aber sie weiß nicht, worauf es ankommt... Es gibt ein Stück von der Ebner-
Eschenbach, darin beklagt sich ein Mann über allzu großes
Maß an Liebe: seine Frau hegt so viel zarte Aufmerksamkeit
für ihn, so viel Hingebung, so viel Anhänglichkeit — daß
ihm das Leben zur Hölle wird... Auch Bismarck soll zu seiner Frau manchmal gesagt haben: »Gib mir 'n Kuß und

mach', daß du rauskommst« — er sagte das natürlich »im Scherz«, doch war's im Ernst gemeint... Für Tolstoi scheinen auch besonderliche Fragen in Betracht gekommen zu sein, wobei die Gattin das Recht der Frau vertrat: praktischen Sinn zu hegen mit dem Blick für das Naheliegende; und alles, was ihr nicht alltäglich scheint, zu hassen... Gewiß.

Vorwürfe soll sie ihm gemacht haben, daß er kein Honorar mehr von Verlegern annahm; sie wird ihm auch gesagt haben: »Ich bitte dich, Leoschku, warum gehst du immer in diesem Bauernkittel herum?!« Sie wird zuletzt Angst gekriegt haben, daß er den Besitz ihrer Kinder verschenken könne...

V.

Doch... wenn selbst alles das nicht der Fall war, wird sie ihn gestört haben — beim Nachdenken über die bevorstehende große Stille; beim Erwarten des Nirwana... oder der Auferstehung, je nach dem Standpunkt, welchen der Russengreis hat.

Sie wird ihm oft gesagt haben: »Ich bitte dich, Leoschku, grüble nicht so viel, iß und trink und geh spazieren — außerdem bitten dich der Geiger Fidelinsky und die Pianistin Tastoschlagskowskaja, du möchtest dich mit ihnen photographieren lassen; es kann so viel nützen, wenn das Bild in illustrierten Blättern verbreitet wird!«

VI.

Leoschku aber wollte nicht mehr photographiert werden: sondern der Ewigkeit ins Auge sehn.

VII.

Und als der irdische Sinn der praktischen Gefährtin samt ihrer gütigen Beschränktheit über das Mögliche hinauswuchs, ist er von hinnen geflohen. Ungestört sein! Den großen Augenblick erwarten.

VIII.

Hat nicht Goethe gesagt: »Ein alter Mann ist stets ein König Lear« —? Mag stimmen.

Ich glaube vielmehr: Ein echter Mensch ist stets ein Junggesell.

Affenbegrübelnder Junggesell

I.

Gestern sah ich Menschenaffen. In Menschengröße. Sind aus dem Sonnenland nach Berlin verschickt; somit an den Nordpol.

Ihre finsteren Gesichter zeigen fast einen klagenden Ausdruck.

II.

Menschenaffen... ja, etwa so groß wie Menschen. Ihre Muskeln machen den Eindruck, als wären sie menschlichen Muskeln überlegen.

Schwarze Vettern — sehn ein bißchen wie Neger aus. Der Unterschied zwischen einem Buschmann, jenem inneraustralischen Stamm, der sich durch geistige Zurückgebliebenheit auszeichnet, und ihnen wird allzu groß nicht sein... Liebe Welt, vielleicht steht der Buschmann dem Menschenaffen näher, als der Mensch, wenn er mit allen Hunden dieser verhältnismäßig hohen Erdentwicklung gehetzt ist, dem Buschmann steht.

III.

Verhältnismäßig hoch? Ich weiß nicht genau... Das Bestürzende beim Anblick dieser Düsteren: wenn sie gewissermaßen als behaarte Nigger zweckmäßig handeln — und einigermaßen bürgerlich herumhumpeln; da kommt man in Versuchung »Sie« zu sagen...

Der Anblick ihrer Existenz erzeugt eine gewisse Peinlichkeit. Bei einer bestimmten Körpergröße.

Ja: Betroffenheit.

IV.

Hunde, Vögel, Ziegen, andres Getier haust noch im Freien; die Känguruhs und Kasuare erfreuen sich einer angenehmen Beheizung... aber die fünf Affen frösteln, frösteln, frösteln immer noch.

Ladungen von Stroh sind in ihren Käfig gebracht, in ihre große, hohe Behausung — damit sie sich einhüllen. Das tun sie.

Wie die langen Arme der melancholischen schwarzen Baummenschen das Stroh zweckmäßig zusammenraffen, einen Wall daraus um sich bauen! Der Spätnachmittag dämmert empor, sie wollen schlafen gehn... es wird dunkler in dem einsam stehenden Haus, das vom Kältesturm umprustet ist. Schlafen gehn!

V.

Etliche haben Schlafkästen in der Höhe. Einer der Vettern steigt hinauf, nimmt reichlich Stroh mit und macht sich's bequem.

Lauter zweckmäßige Bewegungen, wie sie ein Schlafwagenreisender vollführt. Durch die offene Seite des Hüttenkastens könnte noch Luft kommen? er holt mehr Stroh — baut an dieser offenen Seite still eine Art Schutzwand; jetzt kann es nicht mehr ziehn. Aber nein, das Lager ist noch nicht gemütlich genug... er steigt hinab, nimmt behutsam eine Decke, holt sie hinauf, mummelt sich ein.

Man verstummt.

VI.

In dem gegenüberliegenden Kasten sitzt ein andres Geschöpf, nun in der halben Dunkelheit vollkommen menschenähnlich, und macht sein Lager ebenso zurecht — wie ein müder, etwas kälte-empfindlicher Wanderer.

Schon will er einschlafen, aber noch vergaß er was; er verläßt zu diesem Zweck die Hütte nochmals... und legt sich dann wie ein Mensch zur Ruhe nieder. (Ich denke zwischendurch einen Augenblick: jetzt wird er den Schaffner fragen:

»Wann ist der Zug in Kapstadt? — und kann ich morgens Tee haben?«)

VII.

Melancholisch ist alles das... Unter dem oberen Bett hat sich einer der behaarten Neger den Schlafplatz ohne Hütte zurechtgemacht. Wie ein Maurerpolier geht der Bursche vor. Er hält Umschau, was am tauglichsten wäre, holt hernach die entsprechenden Garben Stroh, stellt sie so auf, daß sie einen sitzenden Mann völlig umschließen; dann breitet er die Büschel mit den Händen nach der Mitte zu, so daß der Raum für den Sitzenden dort immer dichter geschlossen wird. Ganz zweckmäßig...

Jetzt stört ihn bloß noch eins: an der Glasscheibe, hinter der etliche Zuschauer stehn, ist der Schlafwall nicht hoch genug. Machen ihn Blicke nervös? oder glaubt er, daß es von dorther zieht? Jedenfalls faßt er einen Entschluß — und baut um. Von dem langen Arm senkt der Haarneger die Hand im rechten Winkel, greift neue Strohgarben, schiebt sie zwischen die Zuschauer und sich. Dann nimmt er eine Decke, zieht sie über den Kopf, macht im Liegen einen Versuch, ob so die Luft genügend abgesperrt ist. Mit dem Ergebnis ist der Vormensch unzufrieden, probiert es nochmals mit der Decke, zieht die Garben enger an sich, bedeckt sich zum Schluß höchst zweckhaft mit dem Tuch, daß es wie ein Dach über seinen Augen ist... und schläft nun ein.

Ein ferner Vetter, etwas zurückgeblieben, ging zur Ruh'; müder Wanderer — der am Nordpol zu kampieren hat.

Was mag er denken?

VIII.

Er sagt sich wohl, was wir Menschen uns beim Betrachten des eigenen Schicksals auch sagen, nämlich: »Was ist nur der Zweck aller dieser Dinge? Keine Ahnung!... ich halt' still!« Das dämmert ihm.

IX.

Das dämmert mir.

Unweltlicher Junggesell

I.

Ich werde die Melancholie, von den Affen her, nicht los.

II.

Widerfährt so was einem weltlichen Menschen? Daß man immer ihre Augen vor sich sieht? Bruderaugen?

Aber ist man denn ein weltlicher Mensch? Bei der Begegnung mit einem britischen Priester wurde mir klar: der Junggesell ist kein weltlicher Mensch. Er ist kein weltlicher Mensch — in Ewigkeit.

Es war also neulich auf dem Schiff, als ich, im Westen von Afrika, heimfuhr zum Grunewald. Ich sah auf Deck, nein: es war im Rauchsalon, einen merkwürdig uniformierten Reverend; graues Haupt, Ende der Fünfzig. Er trug an den Beinen schwarze Gamaschen und auf der Brust ein Kreuz von edlem Erz. Ich ließ ihn seines Weges ziehn.

Am Abend aber stand er auf und setzte sich zu mir. Er fing ein harmloses Gespräch an, wozu auf Schiffen das bevorstehende Wetter in der Nacht immer leichten Anlaß gibt. Aber der tiefere Grund war die Ahnung, daß hier ein... wenn auch nicht Fachgenosse, so doch der Inhaber eines verwandten Berufs zu finden sei. Denn ein Pfaff' ist kein weltlicher Mensch — und sind wir Künstler weltliche Menschen?

Wenn wir des Abends den Frack anziehn und irgendwohin fahren, wo Lichter und Frauen sind, haben wir doch den ganzen Tag als Einsiedler gehaust; von dieser Unweltlichkeit bleiben Spuren zurück, die einem Bischof als Verwandtschaftsmerkmale vorkommen...

Das wird es sein.

III.

Der Bischof von Sankt Helena war ein sehr resigniertfreundlicher Mann, mit einem leichten Zug von ungestillter... Sehnsucht; und sie kam als leis merkliche Neugier heraus.

Sobald ich verstanden hatte, was er mit dem Worte: »Szent
Iliiiihne«, wie er es aussprach, meinte, war aber ich der Neu-
gierigere. Ich fragte nach allen Einzelheiten, die auf den Bonaparte Bezug hatten; er mußte davon erzählen. Ich bestellte
mir eine Flasche Stout, er bestellte sich (ich hätte das nie gedacht) mit ruhig milder Stimme »whisky soda«; und er trank
diesen Alkohol in nachdenklicher Verfassung.

IV.

Die Topographie von Sankt Helena wurde lebendig in seiner schlichten Darstellung; er freute sich, daß ich sogar nach
Sonderpunkten fragte wie nach der Wohnung des Wächters,
des gut britischen, doch ruhmlosen Hudson Lowe.

Wie er selbst mit seinen Gefühlen zum Napoleon stand,
das blieb in der zweiten Reihe... Der Hauptpunkt seines Er-
zählens war sachliche Schilderung. Er schien den Imperator
weder zu verehren noch zu verabscheuen, sondern sein
Standpunkt war ungefähr: »Oh, welche merkwürdige Episode die Menschen doch damals aufgeführt haben — mit tiefer Nachdenklichkeit seh' ich auf ihr Treiben.«

Ein andrer Brite, gleichfalls von Sankt Helena gekommen,
sagte mir klipp und klar: »O yes, ich bewundre Napoleon,
aber ich liebe ihn mehr tot als lebendig.«

V.

Von dieser Stellung zeigte der Bischof nichts. Er schüttelte
nur leis das Haupt über ein kurioses, wenn auch ernstes Kapitel der menschlichen Irrtümer... Und ich fragte mich wiederum, ob wir Künstler nicht ähnlich zu solchen Vorgängen
stehn — so unähnlich im ganzen meine Anschauungen denen
des Priesters wahrlich sind.

Ich sah ihn an und dachte: »Wir Nichtweltlichen...«

VI.

Auf Deck rannten die britischen Gefängniswärter des tot-
geratterten Korsen zur Hygiene auf und nieder, auf und
nieder.

Ihre Frauen lachten harmlos wie die Kinderchen.

Während er einen Schluck Whisky sog, nahm ich einen Zug von dem schwarzen Bier.

Weltlicher Junggesell

I.

In Deutschland erscheint jeder ein bißchen verdächtig, der in Gesellschaft geht. In Deutschland keinen Frack haben, ist Sprungbrett zur Tiefe.

Am liebsten soll man, wenn einer was leistet, wie ein Mythus abseits lebdämmern.

II.

Hat aber nicht Manet gesagt: »Beim Malen geb' ich mir soviel Mühe, damit abends die Damen in Gesellschaft äußern: da kommt der berühmte Maler« —?

III.

Ich will Gesellschaftsverkehr nicht als Muß für einen Dichter ansehn... Ich glaube: daß Zersplitterung, Verzettelung und Kompromißlerei leicht jemandem erwachsen kann, der in dieser abendlichen Welt aufgeht.

Aber man soll nicht aufgehn darin! Es soll Erdbewohnern, deren Sinn zeitweilig etwas Glanz, etwas Leichtsinniges, Verwehendes und Schwindsames gern haben, nicht am inneren Wert abgezogen sein, wenn sie um elf unter Menschen sind.

Was macht man am Tag? Man ist einsam wie ein Barbar, geht spazieren, arbeitet mit ganzer Seele, spielt Klavier, öffnet nicht, wenn es klingelt, wirft im Vorübergehen einen schiefen Blick auf zwanzig unbeantwortete Briefe, liest wieder und arbeitet... Ist es nicht das Selbstverständlichste von der Welt, daß man um die Stunde, wo das Haustor geschlossen wird, manchmal auch früher, sich umzieht, in einen Wagen steigt, nach fünfzehn Minuten mit leuchtend-erregten Menschen spricht, die solche Zusammenkünfte trügerisch als Daseinsgipfel voll seliger Verheißung empfinden — die für eine abendlich kurze Frist das Herz des Lebens stärker schlagen fühlen. Stärker? Nein. Glücklicher, heiterer, seltsamer. Weil niemand weiß, welche Augen man in einer Viertelstunde treffen wird.

IV.

Und diese Menschen, die jemand in einer gesteigert-flimmernden Sphäre streift —: die sind in der Erinnerung kaum wirkliche Wesen; sie ziehn durch das Gedächtnis wie Gestalten aus einer Nebelwelt; ihre Worte hallen nach ... aus der Ferne gesprochen.

V.

Ich begreife jeden Kerl, der sein Dasein nicht gern in der Askese verfließen läßt; der nicht bloß an der Lippe nagend Zwecke, Zwecke, Zwecke verfolgt: sondern im Sommer und im Frühling zwecklos zu atmen versteht, zwecklos über Meere fährt, zwecklos an den Ufern eines deutschen Flusses in der Julidämmerung steht ... und zwecklos im Herbst zwischen Sanssouci und Havelinseln sich von der fliegenden Luft noch einmal durchschauern läßt.

Schön. Aber im Januar: die Fahrt zu erleuchteten Häusern ... mit etwas Erinnerung am nächsten Tag: wenn man wieder Musik macht, arbeitet, spazieren geht, liest, nach unbeantworteten Briefen guckt, Sätze träumt und einsam wie ein Barbar ist. (Es ist aber so schön, einsam wie ein Barbar zu sein.)

VI.

(Nachschrift. — Sind eigentlich Barbaren einsam?)

Der feine Ton, oder: das samowar vivre
(Winke für den Weltmann)

1. Trink bei Tisch die Fingerschale nicht zu hastig aus — und laß die Zitrone drin.

2. Fasse Lachsbrötchen bei Tees nicht seitlich an, sondern mit Zeigefinger und Mittelfinger von oben. Schüttle dann einer Dame die Hand.

3. Lege deinen Hut auf den Eßtisch mit der Öffnung nach unten — wenn dir warm war.

4. Ziehe bei Tisch einen Zahnstocher heraus und entferne mit Ruhe, was dich stört. Nur im Notfall nimm ein Streichholz.

5. Brauche für die Soße nie das Obstmesser, sondern das größere.

6. Fülle dein Weinglas zuerst, und nur wenig über den Rand. Frage darauf die Nachbarin, ob sie was trinken will. Reiche dann die Flasche langsam an ihrem Gesicht vorbei dem nächsten Herrn.

7. Sage, wenn du mit einer Auster nicht fertig wirst: »In England ißt man sie mit dem Bart.«

8. Krebsscheren zerbeiße. Halte dann die Hand vor und recke den kleinen Finger graziös nach oben, wenn du die Schalen auf den Teller spuckst.

9. Von herumgereichten Weißbrötchen nimm eins, knacke es mit den Fingern und wähle dann lieber ein andres.

10. Sei überzeugt, daß der schwer zu lösende Innenteil eines Hummers auf die Tischblumen gehört, nicht auf die Deckenlampe.

11. Gib dem Tischgespräch eine persönliche Note. Sprich von deinem eingewachsenen Fußnagel. Oder von der Straßenbahnlinie »16« mit dem Umsteiger.

12. Sage zu einem Herrn: »Gestatten Sie, daß ich Ihnen meine Frau vorstelle.«

13. Tust du am kalten Büfett zum zweiten Male Salat auf den Teller, so bediene dich dazu deiner Gabel.

14. Daß du ein Auto hast, erwähne nur indirekt. (»Unser armer Chauffeur friert gewiß.«)

15. Iß die Suppe so, daß du Worte deiner Nachbarin immer noch hörst.

16. Sag' einer jüdischen Tischnachbarin sofort: »Mich stört das nicht, ich bin Philosemit.«

17. Binde die Serviette so, daß sie ohne Zeitverlust aufzu-
knoten geht. Nie so fest, daß die Gesundheit leidet.

18. Hast du einen Gast, so nötige zum Essen mit der Be-
gründung: »Es wird bis morgen doch schlecht.«

19. Hilf einer Dame ins Auto stets am Popo mit waagrecht
gehaltener Hand, die du dann aufwärts hebst.

20. Radiere nicht zu oft mit deinem Gummikragen, damit
er seinen Glanz behält.

Der Sucher im Hotel

I.

Woran erkenn' ich ein gutes Hotel? (Glaubet nicht, daß es
Affigkeit oder Geckentum sei, danach mit einem gewissen... Ernst zu fragen.) Wodurch unterscheidet sich ein ed-
les, feinfühlsames Fremdenhaus von einem stumpferen? Wodurch ein erstes Hotel von einem allerersten?

Sechs Punkte sind es für mich. (Sechs... Wichtigkeiten.)

II.

Erstens: Der Henkel des Teekännchens beim Frühstück ist
heiß, daß die Finger schmerzen? Dies Hotel ist für mich erledigt. Es ist vielleicht ein erstes, nicht ein allererstes. Der
Henkel, Mitmensch, hat isoliert zu sein, durch ein Beinplätt-
chen — daß er nicht warm wird.

Zweitens: Das Bett steht so, daß man mit dem Gesicht nach
dem Fenster sieht? Erledigt! Denn die Tiefe des Schlafes wird
gemindert, wenn auch nur schwacher Lichtschein ins Auge
dringt. (Der Fall bleibt sanfter zu beurteilen, wo Verdunke-
lung eine letzte Vollkommenheit erreicht hat.)

Drittens: Das Leintuch ist an der Bettdecke nicht ange-
knöpft, sondern lose draufgebreitet? Erledigt! Denn es wird
sich verschieben — der Körper wird von der (nicht waschbaren)
Wolldecke berührt... die gestern einen andren Körper
berührt hat. Pfui! — — Freilich ist (nicht ohne »Trauer«) fest-
zustellen, daß in West- und Südeuropa noch berühmte Gast-

häuser hohen Ranges nur das lose Leintuch kennen. Hach ja, ich sage!

Viertens: Das Innere des Nachttisches ist bloß aus Holz? Erledigt! Es müssen Glasplatten oder Gesteinplatten oder etwas Ähnliches oberhalb und unterhalb des Nachttopfs eingesetzt sein. Weil Holz anzieht.

Fünftens: . . . Aber das Fünfte versteht sich beim guten Hotel von selber.

Sechstens: Die Frage bleibt, ob das Stubenmädel jung oder alt sein soll. Was ist besser für die Ruhe der Nerven? —

Man bedenke, wieviel Erregungen sowieso schon der Aufenthalt in einer fremden Stadt, in fremdem Betrieb mit sich bringt. Also da soll der Mensch nicht auch noch durch das hohe Alter des Zimmermädels geärgert, enttäuscht werden.

Es empfiehlt sich eine Junge.

Ein Schildpattkamm

I.

Ich wohne tief im Grunewald — seit wieviel Jahren schon! (Einziges Mittel, sich mit Berlin zu versöhnen: daß man außerhalb dieser Stadt wohnt.)

II.

Heut, am Freitag, wie immer spazieren gewandert, es trieft linder Regen, der Grunewald ist ein Warmhaus, alles dampft, man glaubt, eine Luft aus tropischer Urgegend zu atmen — und guckt sich um: ob keine Affen schaukeln, die mit Kokos werfen.

III.

Es war jedoch nur ein Schildpattkamm, von einem Sims geweht, und statt schelmischer Schimpansen bittet ein Stubenmädchen vom Fenster um Entschuldigung, den Frisiermantel noch über dem Arm. Aber bitte.

Aber bitte.

IV.

Der Regen in diesem Walde fällt weiter, der Boden dampft, der Mensch wandelt, die Drosseln flöten... und man träumt von Urwäldern, in die man vor dem Tode bestimmt noch reisen muß.

Mit diesem Stubenmädchen?

Ohne Eurykleia

I.

Man fühlt (einsam in der großen Wohnung, von Klinglern verschont, den Körper nur mit einer lichten Badehose beschwert), man fühlt das Leben so voll, das Walten der Sommernatur so stillgefestigt wie zu keiner andren Zeit; man schlendert in das Sonnenbad auf dem Balkon, arbeitet dort weiter, atmet, macht Kniebeugen, schwingt Hanteln, treibt Dschiu-Dschitsu — und sieht zwischen Nadelriesen, die das Haus überragen, gelegentlich eine Art Flimmern... indes der nahe Kuckuck ruft.

II.

Eurykleia, die Schaffnerin, zog ab. Aus Schlesien ist eine neue Eurykleia schon unterwegs.

Aber sie kam nicht.

Es ist ganz hübsch, auch mal allein zu leben — nach vielen Jahren ohne die Anwesenheit irgendeines zweiten Geschöpfes als Alleinherr durch sämtliche Räume zu schreiten, früh den Tee selber zu machen, den Briefkasten zu öffnen, zu pfeifen, Hugo Wolf mit einem so ungezwungenen Gefühlsausdruck am Klavier zu blöken wie niemals beim Walten einer Wirtschafterin.

Man hält Monologe, spricht mit ausgestopften Tieren, redet zu Bildern an der Wand, legt bei dem hochgekletterten Celsius kein Gewicht mehr auf Hüllen — und genießt so erst wahrhaft einen Sommer.

Das Glück manches Menschen, der von Hause her vielleicht kein Dachs ist, doch mitunter ein Dachs geworden sein kann, wenigstens vorübergehend — das Glück eines solchen Menschen kann durch die nicht eingetroffene Schaffnerin rasch und kostenlos erhöht werden.

Der Mond scheint abends über die Bäume, die Weinranken klettern mit wilder Zudringlichkeit, alles überspinnend, näher und näher; vieles Gewesene lebt stumm in der Wohnung, in den Zimmern und auf dem Söller, der zwischen Stämmen schwebt; die Grillen zirpen, ferne Padden quaken, Blätter rauschen, und abermals ein verschollener Kuckuck gibt auf die Frage: »Wie lange noch?« von weither eine immerhin zuversichtliche Antwort.

IV.

Eurykleia, die neue Schaffnerin, ist unterwegs.

Unterschied einer und derselben Eurykleia

I.

Eine Beobachtung über menschliche Freiheit.

Wer ein Junggesell ist, stößt auf gar keinen Widerstand, falls das Mittagessen immer zwischen eins und sechs verlangt wird. Heute so, morgen so. Einer vollendeten Wirtschafterin scheint das noch Spaß zu machen.

In der Küche liegt sie mit freundlicher Gefaßtheit auf der Lauer; und wenn der Wunsch kommt: »Jetzt!« so ist ein Rumpfstück mit Zubehör in fünfzehn Minuten fertig.

II.

Betätigt sich die Wirtschafterin jedoch in einer Familie: so verlangt sie Pünktlichkeit — Pünkt-lich-keieit!!

Am liebsten würde sie die Stunde für Aufstehn und Schlafengehn festsetzen. Mangelnde Minutengenauheit des Herrn

oder sonst jemandes zieht einen strafenden Blick nach
sich... (denk' ich mir).

III.

Worauf beruht alles das? Darauf: daß die Schaffnerin beim
Junggesellen, wenn er morgens lange schläft, möglicherweis
gleichenfalls lange schlummert. Darauf: daß dem Junggesellen gemeinhin der Blick für Staub außer bei Besuchen abgeht
— was eine Vereinfachung des Wirtschaftsbetriebes nach sich
zieht. Darauf: daß die Gesamtstimmung der Schaffnerin Eurykleia auch »so« besser ist. (Das wird es sein.)

Ja, noch das größte Wunder wird von ihr vollbracht: in der
Wohnung gibt es den leisesten Küchengeruch nicht.

(Küchengeruch ist der Nagel zu meinem Sarg; vielmehr:
der Knauf zu meiner Urne.)

IV.

In Familien riecht es nach der Küche, denk' ich mir.
Bei einer und derselben Eurykleia... (denk' ich mir).

Betörung der Eurykleia

I.

Eine Heimkehr aus Holstein. Man öffnet Schränke — leer
sind sie. Der Kleiderschrank ausgeräumt, der Stiefelschrank
ausgeräumt, die sämtliche Wäsche fort. (Eine rote Brokat-
decke, sie lag über einem alten Tisch, hat sich auch davon-
gemacht.)

Was ist los, zum Donn..........!

Nach langem Hin und Her sickert etwas Wahrheit. Die
Sachen sind — na was denn? raus mit der Sprache! Also die
Sachen sind nicht hier. Das seh' ich, in drei Teufels Namen!
aber wo sind sie?

II.

Nach Hängen und Würgen wird eine der Eurykleia be-
freundete Frau angeschuldigt, als welche (das alles trägt sich

heut in Berlin zu) zaubern kann. Sie hat die Sachen aber doch nicht weggezaubert, Himmel, Arm und Wolken!! Nein... Aber sie hat ihre Tochter jeden Tag hergeschickt — die Sachen sind dahin getragen, wo man »Geld 'für bekommt«. Wo denn, was denn, wie denn? Nu, ganz im Osten, oder nein, nach dem Wedding zu, in eine Pfandleihe, ja, da sind sie hingebracht. Und die Scheine? Nu ja, die gibt's. Sofort holen! Hier. Sind das alle? Ach, nu alle sind es nicht. Her mit dem Rest!! Wieviel im ganzen? Nu, achtzehn im ganzen. Auch die Tischwäsche? die Bettwäsche? Nu ja. Auch die verschiedenen Lackstiefel, um die so eine zarte schwarze Florwatte gelegt war? Nu ja; die auch.

Eine Sekunde lang fühlt man die Versuchung, jemand zu zerknallen. Im nächsten Augenblick spricht innen eine Stimme: ruhig! sonst erfährst du nicht das Ganze! mit zurückhaltendem Ton weiter fragen!...

Aber mehr kommt nicht heraus. Es scheint die volle Wahrheit zu sein.

III.

Eine Gewissensfrage: Ist aus dem arabischen Zimmer was entwendet — von den Altertümern? Nein, wo man hindenke... das nehmen die dort nicht! Nein; alles in tadelloser Ordnung in diesem Zimmer, können sich selbst überzeugen.

Und was bedeutet das hier auf dem Schein — ein Damenrock? drei Nachtjacken, ein Büstenhalter, ein Kostüm, zwei Unterröcke, fünf Schürzen? Das alles findet sich mit meinen Stiefeln, Anzügen, Tischtüchern öfters gemeinsam auf einem Zettel? Nu ja... Dieses Kamel hat auch ihre eignen Sachen bis auf das letzte Wertstück der zaubernden Freundin geopfert.

IV.

Warum? Sie war der festen Meinung, daß ein Bräutigam, der sie vor dreizehn Jahren verlassen hat, von der Freundin hergezaubert werden kann, wozu diese, um mit Geistern »arbeiten« zu können, Geld haben muß.

Der Bräutigam ist in der Zwischenzeit angeblich so reich geworden, daß er alles ersetzt — und bis der Herr selber zurückkommt, ist Rudolf längst da, hat alles beglichen.

Darauf ging dieses Kamel ein.

V.

Dieses Kamel.

VI.

In Berlin ist sie nicht geboren, sondern aus dem Osten Deutschlands an den Rhein gelangt, vom Rhein an die Spree. Sechs Jahre treuen Dienstes sprechen für sie. Sie würde für sich selber nie einen Pfennig nehmen — man könnte vor ihr, solang man in Berlin ist, jeden Geldbetrag liegen lassen.

Aber wenn man weg ist, beginnt jener Einfluß der Gaunerin vom Wedding: sie handelt besinnungslos. In dem stumpfen Gehirn dieser, wie man gerechterweise sagen muß, sonst mustergültig treuen Dienerin flackert nur ein einziger Wunsch übermächtig, alles andre verdrängend und ausschaltend: den damals davongelaufenen Bräutigam wiederzukriegen.

VII.

Ich frage sie, ob die Plumpheit dieses Schwindels ihr nicht eingeleuchtet hat. Ja, manchmal war sie sicher: das Weib schwindelte; dann aber kam immer der Gedanke: vielleicht doch!

Unter Tränen, wie menschliche Augen salzigere nie geweint, sprach sie schluchzend: Gelehrte Herren, na, die wissen ja gar nicht, daß es eben so was wie Besprechen, und so, doch gibt; auf dem Land, in der Provinz Posen, weiß jedes Kind, daß eine Kuh beim Viehdoktor krepiert, aber von einer alten Frau gerettet werden kann . . . Und wenn der Rudolf zehnmal bei einem Reserveregiment in der Nähe von Weißenburg stehn soll, ist es nicht gesagt, daß eine Frau mit, nu, extra Kräften ihn nicht herbringen kann, weil sie Beziehungen zu . . . na, eben zu so was hat, was Herrschaften leider nicht glauben. Es ist aber doch, doch, doch so!

VIII.

Dieses Kamel.

IX.

Das freche Weibsstück, von dem sie verführt ist, wird ihre Strafe kriegen (sie hat noch mehr auf dem Kerbholz); aber selbst wenn sie im Zuchthause sitzt, wird dieses treue — nur einmal untreue — Dromedar der festen Ansicht sein: daß die Gelehrten sich an ihr versündigt haben. Daß sie vergewaltigt worden ist. Daß man den Bräutigam, den entsprungenen, wirklich hätte herhexen können.

Es ist nichts zu wollen...

X.

Zwischendurch wird man immer von der Polizei angerufen — wegen der freundlichen Frau vom Wedding.

Mit der Wirtschafterin zur Polizei nach Berlin N gegangen; die Anzeige wider die Schuldige, Gattin eines Gasarbeiters und Kartenlegerin, zu erstatten. Das ist nicht so leicht. Die Beamten, als ein Protokoll aufgenommen werden soll, setzen viele Hebel in Tätigkeit, um die Wirtschafterin zwar nicht einfach vom Erstatten der Anzeige abzubringen, aber doch die Anzeige lieber einem andren Polizeirevier zuzuschanzen... Da jedoch das Weibsstück in ihrem Bezirk wohnt, wich und wankt' ich nicht.

Wäre die Wirtschafterin ohne mich zur Polizei gegangen, sie hätte sich verschüchtert heimgetrollt — nie versucht, ihr Recht zu finden. So wurde weder gewankt noch gewichen.

»Die Dummen werden nicht alle«, sprach der eine Kriminal beim Protokollaufnehmen mit bewunderndem Blick auf die Wirtschafterin — als sie gestand, mehrere tausend Mark für das Heranzaubern geopfert zu haben.

XI.

Die Verbrecherin, das Weibsstück, sollte nun ins Loch. Aber was tat sie?

Sie »spottete« des Haftbefehls, den ein Staatsanwalt erließ; sie spottete ferner der von uniformierten und bürgerlich ge-

kleideten Beamten ins Werk gesetzten Bestrebung, sie früh-
morgens oder noch zur Nachtzeit in der Wohnung ihres
Gasarbeiters zu greifen.

Frau Alma Klauske, so heißt die Verbrecherin, ging nach
wie vor frei herum und auf neue Gemeinheit aus. Meine Fragen an die Polizei endeten mit dem Bescheid: nicht zu fassen.

(Aber wie heißt es im Wilhelm Tell? Wenn sich — und so
weiter, ich kann jetzt nicht nachschlagen, da greift der
Mensch zur Selbsthilfe: holt sich sein Recht.)

XII.

Unbeirrt nämlich und ungefaßt von den Vögten öffent-
licher Ordnung machte das Weibsstück abermals einen Vor-
stoß, pürschte sich heimlich an die noch immer betörte Wirtschafterin; das Ergebnis waren abermals: Berge neu versetz-
ter Bettbezüge, Laken, Tischtücher, Mundtücher, Nacht-
hemden nebst baumwollenen Unterhosen, Extra-Quali-
tät...

Bloß wider einen Junggesellen wagt man das.

XIII.

Da beschloß ich, eine Falle dem vom Gericht erfolglos ge-
suchten Weibsstück zu legen. (Wilhelm Tell.) Die Wirtschafterin schrieb (nach meinem Diktat) an die Verbrecherin, sie
habe noch 86 Mark für das Vollenden der Zauberei zusam-
mengebracht, die solle Frau Klauske morgen mittag zwölf
Uhr vor dem Bahnhof Halensee abholen, aber dann auch
wirklich den Bräutigam herbeizaubern.

Das Weibsstück, von den 86 Mark, einer wahrscheinlich
klingenden, unabgerundeten Zahl, gelockt, ging auf den
Leim. Sie kam vor den Bahnhof.

XIV.

Kaum daß sie mit der Wirtschafterin ein paar Worte
sprach: da geschah es, was der Polizei nicht geglückt war. Ich
stürzte (sagt man nicht »wie ein Habicht«? also wie ein Habicht) auf sie los, packte sie am Handgelenk, sprach kalt: »Sie

sind verhaftet!!!« und winkte mit dem freien Arm einem Schutzmann.

Was ein Mensch nicht alles lernt!

Er brachte sie mit zur nächsten Wache.

Kein Bettlaken, kein Tischtuch, kein Unterzeug, kein Anzug ist ihrer hypnotischen Gewalt fürder preisgeliefert.

Der Vampir sitzt!...

XV.

Auf der Wache fand man gefälschte Banderolen bei ihr. Adressen von Opfern ebenso.

Nun wurde nach vier, fünf Polizeirevieren mit dem Fernsprecher geredet, überall stießen die Beamten einen brummenden Erleichterungsseufzerich aus, daß durch den Privatmann die Unholdin gepackt sei.

Zwei Tage darauf stand (»polizeilicherseits«) in den Blättern, daß nun endlich die, wie es wortgetreu hieß, »berüchtigte Schwindlerin Alma Klauske«, die so viel arme Leute geschädigt, von ihrem wohlverdienten Schicksal ereilt worden ist.

Ich war das wohlverdiente Schicksal.

XVI.

Im Januar finden Zeugenvernehmungen statt — und ich, der ich vor mir selbst mich schon lange geschämt habe, daß ich noch niemals einen Fall von eigenhändiger Verhaftung durch mich erleben konnte, bin beruhigt, daß es endlich geschehn ist.

XVII.

Die Gerichtsverhandlung hat stattgefunden. Ein Schröpfkopf, oder soll ich sagen: Blutsauger, nein: Nachtmahr, unschädlich gemacht. Die Schwindlerin Alma Klauske, deren Verhaftung mir gelang, als die Polizei sie vergeblich suchte, hat für einen Teil ihrer Taten die Sühne.

Allen Beteiligten wird unerklärt bleiben, wie eine so kleine, unhübsche Person so starken Einfluß auf Menschen üben konnte, die sie völlig verwirrt hat.

Die eine der Geschädigten sagt, als ob sie über sich selbst und ihr Erliegen staunte: »Die ist ja man ne Handvoll — aber sie hypnotisiert die Leute.«

Das scheint sie getan zu haben. Sie »guckte« die Opfer »so eigentümlich an«. Die eine der Betörten, helle Berlinerin von jener ruhigen Sicherheit der Großstadtmenschen, dazu schon Ende Vierzig, hat offen bekundet: in ihren verbrecherischen Tagen schimmerten die Augensterne sehr dringend aus dem länglichen Raubtiergesicht.

Ha!

XVIII.

Jetzt, auf der Anklagebank, glich sie einer begossenen Ratte; sie war noch kleiner geschrumpft.

Eine Zeugin erklärte, daß sie zwar manchmal die Absicht hatte, Krach zu machen, sich deshalb in die Wohnung der Verbrecherin begab, daß es ihr aber nicht möglich war, ein Wort über die Lippen zu bringen, wenn die Klauske sie ansah...

Vor Gericht versagt jedoch ihre Blendkraft. Der Vorsitzende... In einem Brief, den sie aus dem Gefängnis an ihn schrieb, hatte das Ungetüm als Beweggrund für ihre Raubzüge die Not angegeben — der Richter gab ihr rügsam zu verstehn, daß eine Frau, die sich täglich frisieren lasse (was eine gerupfte Frisörin bekundet hat), nicht Not gelitten haben könne.

O weiser und gerechter Richter! Sie hat keine gelitten.

XIX.
— — — — — — — — — — — — — — — —

Drei Fälle sind vorläufig abgeurteilt. Der Frau eines Rentners in der märkischen Stadt Sommerfeld hat sie durch Zauberei 6000 Mark abgenommen. Bei meiner Schaffnerin Eurykleia waren es immerhin, wie sich nun herausstellte, 2500 Mark — ihr ganzer Besitz. Die frisierende Zeugin, der ein ehemals geliebter Mann herangezaubert werden sollte, war bloß mit 150 Mark beteilt.

Seltsam, wie die Angeklagte nun in einer Ecke der Bank in sich zusammenkroch; wie ein Stück Unglück sich in den Winkel klemmte, das Gesicht von den Zuhörern abgewandt; wie sie eine Zeitlang herumwirtschaftete, ohne sich Hemmungen aufzulegen; dann schrie, blökte, heulte, zeterte, hernach jedoch infolge zweckentsprechender Worte jenes Richters mucksmäuschenstumm blieb. Ha! hei!

XX.

Lebensschmerz der Schaffnerin Eurykleia war nicht nur der vor vierzehn Jahren schmählich verschwundene Bräutigam und Vater ihres Kindchens, sondern auch die bisher niemals gezahlten Gelder, zu denen ein deutsches Gericht ihn verurteilt hatte. Bei der Rentnersfrau dort aus dem märkischen Städtlein sprach die Sehnsucht, in eine bessere Gemütsverfassung zu kommen, das Leben mit froheren Augen anzusehn, sich von dem Zustand eines Menschen loszumachen, der, wie der Romanausdruck lautet, »am Leben leidet«.

Nicht ohne menschlichen Anteil sah ich, wie eine dritte Zeugin, Fräulein an der Schwelle der Fünfzig, aus Scheu vor den Zuhörern, eng an die Richter trat, mit geflissentlich leisem Kehlkopf auf die Frage, ob ihr Derjenige-Welcher untreu geworden, den stillen Bescheid gab, die »Beziehungen« hätten sich »gelöst…«

Ein Seelenmoment war es.

XXI.

Eurykleia, von der ich die größte Schüchternheit und Furchtsamkeit erwartet hatte, war von überraschendem Mut.

Fast verwegen; nachdem ihr vor der Verhandlung das Herz hinabgeschlüpft war. Keine Zuchthausstrafe, nicht einmal die lebenslängliche, war ihr genug.

Während einer Aussage sprach die jählings rächend Gewordene hinten von der Zeugenbank, sprach gottesfürchtig dazwischen, brachte neue Belastung wider das zusammengekauerte Scheusal.

Der Vorwand, aus Not gehandelt zu haben, wurde der Verbrecherin durch die Feststellung widerlegt: daß sie mit gleicher Erbarmungslosigkeit auch innerhalb ihrer Familie gewirtschaftet — so daß der Mann einen Selbstmordversuch unternahm, weil sie das erschwindelte Geld mit einem Geliebten durchbrachte. Sie hielt sich an einen gewissen Richard Schumacher, groß, ländliches Aussehen, aus dem Ort Cheden an der Oder nach Berlin N gekommen. O Untier! gemeines. Du!

XXII.

Als der Ehemann, Ende Vierzig, in städtischen Gaswerken beschäftigt, erkannte, daß Richard Schumacher dauernd in seiner Wohnung (in einem abseits gelegenen Raum) untergebracht war: nahm er den Gasschlauch.

Wurde gerettet, kam jedoch an den Folgen ein Jahr ins Krankenheim.

Widerliche Verderbnis eines nordberlinischen Haushalts.

Gespräch der fünfzehnjährigen Tochter mit Alma Klauske. Die Fünfzehnjährige sagt: »Mutta, laß doch von Schumachern.« Das Kind selber hat es erzählt; darauf habe die Mutter erwidert: »Nee, Lucychen, von Schumachern laß ick nich! Vater kann mir sonst was!«

Verderbnis.

XXIII.

Die Fünfzehnjährige, Lucychen, wickelt vorläufig Bonbons bei Stollwerk ein — hat aber sehr viel freie Zeit.

Es ist nicht sicher, wozu sie benutzt wird. Äußerlich: Lumpen am Körper, jedoch das Haar wundervoll zurechtgemacht.

Wie so oft in Prozessen, ist nicht der Gegenstand des Verhandelten, hier der Betrug, die Hauptsache — sondern Begleitumstände, Begleitumstände; man bekommt Einblick, Einblick...

XXIV.

Das Weibsbild hat vor fremder Elternliebe nicht haltgemacht. Sie nahm armen Bahnwärtersleuten unter der Verheißung, den Sohn aus Rußland herzuzaubern, ihr einziges Besitztum, 1500 Mark, ab...

Der Amtsanwalt will drei Jahre Gefängnis für das Raubtier. Der Vorsitzende fragt, was sie dazu äußere.

Da kam der überraschende Augenblick des Prozesses — sie rief, wie mit plötzlicher Sinneswendung und einem inneren Ruck:

»Ich hab's verdient!«...

Zwei Jahre Gefängnis. Der Vampir sitzt.

XXV.
———————————————————————

Als der Gerichtshof im Nebenzimmer beriet, flogen Worte der Wut von den Zuschauerbänken zu ihr.

Nachbarinnen, Freundinnen saßen da — und als sie weinerlich zu ihnen rief: »Ick hab doch auch meine Kinder wat 'von jejeben!«, klang es tobend zurück:

»Du Aast, im Dreck hast se vakomm' lassen!«

Der Amtsanwalt schob diesen Äußerungen einen Damm.

XXVI.
Bis Neunzehnhundertsoundsoviel, vermutlich aber mit Zusatzstrafen bis Neunzehnhundertsoundsoviel haben Menschen der aufgeklärten Stadt Berlin, soweit sie irgendeiner Sehnsucht nachhängen und Geld für überirdische Hilfe anzulegen bereit sind, Ruhe.

Ruhe hat mein Kleiderschrank; mein Wäschespind; meine Eurykleia.

Ruhe hat ein mißhandelter Junggesell.

XXVII.
Kommt alles das in Familien vor?

Zusammenstoß im Auto

I.

Schon längst hatte sich mir eine Lücke fühlbar gemacht. Etwas ging mir ab — im Leben dieser Zeit; Autos durchrasen sie, mit Unfällen. Hab' ich je einen erlebt... wie es meine Pflicht gewesen wäre?

Kann schwer äußern, wie mich das wurmt. Es fraß an mir. Ein Groll sank oft zugleich mit der Nacht hernieder.

II.

So hab' ich nur meine Schuldigkeit getan, als endlich am letzten Tag des alten Jahres mein Droschkenauto mit einem andren zusammenstieß, in einen Baum fuhr, so daß die dicken Glasscheiben durch mein Gesicht in Trümmer gingen... und ich endlich sagen darf: ich bin genäht worden.

Auch ich nehme teil am Verkehrsleben meiner Zeit. Bleibe nicht länger ausgeschlossen, wenn andre sich operieren lassen. Frei darf ich hintreten vor die Zeitgenossenschaft.

III.

Der Engländer hatte gar nicht so unrecht, als welcher beim Hinabstürzen von einem Gletscher sein Notizbuch zog und (in der Luft) schrieb: »Meine Gefühle beim Fallen.«

Das ist ein Märchen. Doch jeder von uns ist ein solcher Engländer... In einem bestürzenden Augenblick regt sich der Mensch, der sein Bewußtsein nicht einlullen lassen will. Er schnellt empor — der im Grauen des Todes noch feststellen, feststellen, feststellen will, was geschieht. Der sein Schicksal betrachtet, als wär's einem andren zugestoßen. Auch wenn das Blut über die Augen rennt.

Und der sich in dieser Sekunde sagt: es ist gar nicht so schlimm.

IV.

Einen schlimmen Punkt gibt es. Nicht der Stoß, nicht der Hieb, nicht das Schmerzgefühl; sondern der Moment, wo das Hervorspringende, Strömende, Warme die Sehkraft auf der rechten Seite bewölkt, umnebelt. Daß man blitzhaft findet: ein Auge fehlt. Nur dies war das Schreckliche... Wo ist eine Unfallwache?... Aaah, die Augen, die Augen sind ganz.

V.

Merkwürdig, daß man sich kaum Rechenschaft ablegen kann, was im Zeitpunkte des Zusammenstoßes gewesen ist —: Jetzt... Es läßt sich nicht vermeiden... Der Stoß wird erfolgen. Aber der Stoß ist zugleich schon erfolgt!... Es muß fabelhaft winzige Zeiträume geben, von denen wir im Alltag nichts wissen und in denen sich doch etwas abspielen kann...

Jetzt... der Stoß... unentrinnbar... Was dahinter kommt, ist eine Pause. Eine Pause.

Eine Pause — vorher war nichts, nichts. Man hört ein Rufen, öffnet die Wagentür, sieht lauter Menschen um sich... und fühlt eben dies Warme, Warme, das in schlechten Novellen immer so bezeichnet wird und für das es doch, wenn es einem von der Stirn herabrinnt, keine andre Bezeichnung gibt: dies Strömende, Warme, Umflorende.

Wieso — in so kurzer Zeit — sind diese Menschen versammelt? (Vielleicht war die Zeit doch um eine halbe Minute länger als man glaubte?)

Blut tropft in das weiße Hutfutter, man hält den Hut in der Hand. Elektrisches Flimmern. Eine Dame, anmutend und gütig, mit einem Herrn, sagt: »Bitte, nehmen Sie unser Auto.« Sehr dankbar. Wie gestreichelt kommt man sich vor...

Aber warum brüllen diese Kutscher so? Die zwei zusammengestoßenen Fahrbolde sind hart aneinander; schreien wie Irrsinnige, mit allerletzter Kraft, in gräßlicher Erregung. Fragen nicht, ob man weiter blutet. Sonderbar. Sonderbar.

VI.

Auf der Unfallwache wird genäht. Es ist nicht schlimm. Man wundert sich, daß es so wenig schmerzt... Nur als ei-

ner der zwei Ärzte das Verbandszeug mit der Schere be-
schneidet, ist alles beinah kitzliger und geht mehr auf die
Nerven als das bißchen Zusammenheften kleiner Gesichts-
lappen; man hat immer den (falschen) Eindruck, er be-
schnitte die Ränder dieses Stirnlappens.

VII.

Während die zwei Männer mit sicherer Hand herumarbei-
ten (einmal piekt es nur, als festgestellt wird, ob etliches Fen-
sterglas noch in den Wunden sitzt, Splitterchen), währenddessen sagt man sich: unter andrem siehst du jetzt auch eine
Unfallwache zum erstenmal . . . Sie gleicht einem Laden, zu-
sammenhängend mit hinteren Räumen; draußen vor der
Glastür stand ja eine Frau; als sie was Blutiges aussteigen sah,
war sie ja gleich hineingelaufen; gewiß eine Gehilfin, eine für
Damen . . .

Einen sehr erheiternden Eindruck machen Sanitätswachen
dennoch nicht; ich kann mir nicht helfen, denn was ist das da
vorn, dieses Längliche; so was Wannenartiges; es ist zuge-
deckt und erinnert an Rettungsboote. Sonderbar mag es
klingen; aber Sanitätswachen — darin bin ich komisch — reizen mich nicht.

VIII.

Verdammter Frost! . . . Kurz bevor die Welt sich anprostet,
nach Hause. Frost, infamer.

Hinauf. Tee . . ., am Silvesterabend, üäh, üäh.

Jetzt beginnen die Grunewaldglocken; vielmehr: beginnt
die Grunewaldglocke . . . Aber dies war nicht das erste. Das
erste, Leser, in solchen Fällen ist (seien wir aufrichtig), daß
man vor den Spiegel geht. Ich tat dieses erste nicht später als
andre Menschen. Und nun sah ich, daß die Stirnwunde hart
unter den Augenbrauen haltmachte — daß jedoch hart unterhalb des Auges wieder eine Wunde begann. Beidemal »hart«.

Und ich kann, auch wenn ich mir große Mühe geben
wollte, dieses Gefühl nicht schildern, das über mich kam. Es
ist die reine Wahrheit, daß ich seit langer Zeit eine Gehoben-

heit von dieser Kraft nicht in meiner Seele gehabt habe. Vielleicht seit Jahren nicht.

Es sprach jemand in mir, während ich das Teewasser schon halb friedlich anblickte:»Du willst überhaupt mitreden, wegen der Glasscheiben und des Hiebs gegen die Stirn? Wo in Sizilien die Erde bebt? Bist du halb erquetscht worden? Hast du unter Balken gewimmert? Und während du hier herumgehst, krümmen sich Leute zwischen Leben und Sterben, halb zerfleischt...« (sprach es in mir).

IX.

Wenn auch in den nächsten Tagen der starke Blutverlust merkbar wird — und man mit der Empfindung eines Skalpierten herumläuft...

Um ein Haar hätte man tot sein können. Auch das kleinere Übel, Gehirnerschütterung, Geisteskrankheit, wäre schrecklich gewesen... obgleich es mich in meinem bürgerlichen Beruf, Theaterkritiken zu schreiben, nicht gehindert hätte.

X.

Ich setzte neulich was ins Tagebuch über meinen, fast regelmäßigen, Nachmittagstod... (wenn man erst halb erwacht ist).

Den wievielten Tod bin ich diesmal gestorben? — vor dem Tod, dem Tod, dem Tod... dem wirklichen Tod, der kommen wird.

Ich habe gelebt...

I.

Gestern, Freitag morgen, großes Gewitter. Es wurde plötzlich so dunkel. Halb acht. Jählings eine schreckliche Verdüsterung des Himmels.

II.

Es wurde finsterer und finsterer, daß ich dachte: Nun, wenn jetzt die Welt untergeht: ich bin für alle Fälle gewappnet.

Denn immer war ich bemüht, mein Leben so einzurichten, daß ich, wenn der Tod plötzlich erschiene, sprechen kann: die köstlichsten Dinge dieser Welt sind mir nicht unbekannt geblieben. Auf manches blaue Meer sah ich Abende sinken. In mancher Julinacht schritt ich durch manchen deutschen Wald. Ich sah die Völker des Erdballs; ich sah die Gigantenzypressen der arabischen Friedhöfe; ich stand auf der Cheopspyramide; ich hörte die Musik der Stadt Byzanz oder Stambul; ich habe Sonnenscheidestunden auf der Akropolis verbracht — und sah die Stätte, wo Rahel begraben liegt, und wo der König David seinem Herrn opferte; wo Johannes in der Wüstenei gelebt hat; ich sah den Garten, wo der Nazarener abseits vom Lärm Jerusalems nachsann, ... ich sah die alte, die jetzige Welt, die künftige drüben am Broadway, am Grand Canyon, an Yellowstonegeysern; wie ein lauer Sturm trug es mich durch Tiefen und Höhen der gallischen Zauberstadt Paris (ich muß beim Abschied sie besonders in mein Herz einschließen, als holdeste Erinnerung); bewahre tief das Gedächtnis der Stadt Venedig, in der ich zu allen Witterungszeiten und in allen Seelenstimmungen gehaust, alljährlich bis zu dem Tage, da der Campanile sank — und ich höre noch einmal alle Beethovenschen Melodien, im festen Glauben, daß sie forttönen werden auch nach dem Untergang dieser Erde ...

III.

Ich habe (dacht' ich, als es noch finsterer wurde) nichts entbehrt, was es hier mitzunehmen gibt, ein seliger Trieb hat mich das Unverlierbarste mit stillen Schauern umfangen lassen, von menschlichen Beziehungen schweig' ich ...; um es kurz zu machen: mein Dasein war so, daß ich in jedem Augenblick sagen könnte: »Adieu — ich habe gelebt und ...«

IV.

Dies dacht' ich, als es finsterer, finsterer wurde. Die grünen Stabjalousien hoch!... Dies war... nicht ein Gewitterhimmel, sondern schon ein Strafgericht. Tiefer und schwärzlicher Hinabschwebendes. Luft! alle Fenster auf!... Im Badezimmer klirrt es; die Scheibe klein in Trümmern. Sturm. Regen, Blitz, Donner.

V.

Und ich stellte mir vor, wie unangenehm es in jener Zeit gewesen sein muß, als die Rinde des damals glühenden Erdballs im Anfang des Erkaltens war, als Dämpfe siedend in die Luft stiegen, wässerig zurückfielen und wieder mit schrecklichen Geräuschen vernebelten — es soll damals zehntausend Jahre hintereinander weg ein großes Gewitter gegeben haben...

VI.

— — — — — — — — — — — — — — — — —

Nicht mein Fall.

In dieser Spanne, mittendrin: vor dem Einfrieren des Erdsterns, aber nach dem zehntausendjährigen Hitzgewitter — zwischendurch bin und denk' ich hier; ein Fristchen lang... und schreibe.

Soll etwan auch mein Geschreib' jemals untergehn? ... Eli — das, das, das kannst du nicht wollen. Versprich...!

Gut. Erlauchter Familienchef vom Sinai! Bei allen meinen Vettern, den Erzengeln: ich traue dir. Immerhin zur Sicherheit: ich habe gelebt und —.

Nicht böse sein, Ahndl!

Es schollert

I.

Nun sitzt man wieder im tiefsten, tiefsten Schnee. Seltsamer Winter. Um Neujahr... Und in welchem Fleischmangel. (Weil alles eine Weile stockt, stockt, stockt.)

II.

Vom Dach scheint eine Lawine talwärts geschollert zu sein... Welches Glück, daß es nicht vorhin geschehen ist, als ich mit dem Bergstock zum Briefkasten drang. Es »donnerten die Höhn, es zitterte der Steg, nicht graute dem Dichter auf schwindlichtem Weg; er schritt verwegen auf Feldern von Eis, da prangte kein Frühling, da grünte kein Reis«. Auch nirgends das Huhn zum Reis.

III.

Eben hat es wieder geschollert. Nur mit größter Unsicherheit, in ständiger Lebensgefahr, kann der Mensch, Todesmut im Herzen, die linke Hand auf eine ältere Ausgabe von Kants kategorischem Imperativ gestützt, die rechte pflichtgetreu in die Tinte tauchend, sein Tagebuch füllen.

Vor den Fenstern, auch im oberen Stock auf dem Altan, steht eine fast meterhohe Wand, so das Zimmer mit weißlichem Geleucht erfüllt.

IV.

Reißt man die Fenster im Grunewald auf, am hellen Morgen, so dringt unsagbar Würziges, Frisches, dabei doch Mildes an die Nasenlöcher, an die Lungen, an die Seele. (Das kommt aus Ätherfernen, wo es keinen Mißduft gibt. Schnee, Schnee, Schnee.)

Ähnliches hab' ich zuletzt gespürt, als ich im Winter auf dem schönsten Balkon von Genf stand und aus den Bergen manchmal ein Hauch herüberflog, wogegen der schönste Stonsdorfer oder sonstige Kräuterlikör rein gar nichts ist.

V.

Eben hat es wieder geschollert... Auf dem Schreibtisch liegen, wie vergessen und verdämmert, noch allerhand Neujahrsglückwünsche. Herzlichen Dank. Jetzt ist es Nachmittag.

Am meisten freut man sich über eine Steinzeichnung, die aus Schottland liebe Hände nach Berlin geschickt. Da ist ein holdes, langes Frauenzimmer, das man präraffaelitisch heißen könnte; von Blumen und lieblichem Krimskrams umschwirrt; oben steht: »To wish you Fortunes fairest gifts.« Fortunas schönste Gaben. Danke vielmals, Elsie.

Des ferneren freut man sich am meisten über ein aus der Nähe gekommenes Pfefferkuchenherz mit zwei gegossenen Anfangsbuchstaben drauf. Danke —.

VI.

Schnee. Schnee. Starrend weiße Kiefern... Innige Wünsche sendet man zurück nach allen Gegenden (im Geist — zum Schreiben kommt es doch nicht), bei nachdenklicher Stimmung.

VII.

Eben hat es wieder geschollert.

Tee bei mir

I.

Der Mensch muß, zu seinem Schmerz, manchmal einen Tee geben. Die Zeit vorher ist nicht so schrecklich. Schrecklicher die Zeit währenddessen.

Doch wenn der letzte Gast den Raum verlassen hat — so ein Glück gibt es nie wieder.

II.

Zuweilen gab man vor dem Krieg rauschende Tees; ich hab' es bis auf drei gebracht.

Und alle Teilnehmer waren sich einig, daß nie ein schöneres Fest in Deutschland oder dem angrenzenden Luxemburg erfolgt sei. Bis zu zweiundzwanzig Personen.

Ein Diener war gemietet, der damals mit meiner Eurykleia in der Speisekammer koste. Der weiße Schlips war im

Honorar einbegriffen. Austernbrötchen gab es; Sekt. Gegen
Abend Rotwein. Veilchen und erlesenes Obst auf dem An-
richtetisch im Bauernzimmer verstreut. Die Trauben lagen
nur so rum. Na!
Selbst der Diener stolperte zuletzt...

III.
Jetzt, in der verwandelten Zeit, gab es immerhin statt der
Austern kleine Kuchen mit Schokoladenmus. (Andre daneben ohne.) Dann zuverlässige Brötchen mit Petersilienbutter,
mit Anchovispaste, mit schlichter, doch gediegner Gänsele-
ber. Mit sonstwas. Es verlief sehr harmonisch.
Niemand stolperte. Auf drei Zimmer und einen Korridor
verteilte sich der muntere Schwarm ehrenfester Besucher.
Arbeitsraum, Schlafzimmer, Ankleidezimmer blieben gesperrt. Heitere Antlitze waren dazwischen. Ein Stimmenge-
wirr. Ein Ablegen und Wiederanziehn. Ein Klingeln. Ein all-
seitiges Vorstellen. Freundlichkeiten füllten die Luft. Ecken
wurden gebildet. Gewänder bliesen Triumph. Tasten wurden angeschlagen, zu einer Frauenstimme. Hände ge-
schüttelt.
Und das Bedauern, als die letzten sich verabschiedeten,
war grenzenlos darüber, daß es nicht schon früher geschehn
war.

IV.
Dies ist mir entrutscht. Wird zurückgenommen.

Vorleserin
I.
Die Papiernot ist arg — die Dichterlinge spotten ihrer.
Zarte Suggestion: wenn, als Auftakt, aus Florpapier ein
kleiner Nelkenstrauß losgewickelt wird.
Das tun jene weiblichen Irren, die mit zäher Gewalt vor-
gehn... Die Starrheit schmilzt.

II.

Nicht immer sind es Deutsche — dann tritt als Annehmlichkeit mangelhafte Beherrschung unsrer Sprache hinzu:

Ein See; einsames Ruderboot: das wird in dem ausgewählten Kapitel melancholisch geschildert. Im Boot sitzt gedankenvoll (und etwas zerwühlt) die Hauptgestalt: ein Künstler, der, um Ilona zu vergessen, mit halb unbewußten Ruderstößen sich weiter von der Küste entfernt...

III.

Mit eintönig beseelter Stimme liest die Dichterin, welche mir ein Feind mit Empfehlungen zugesandt hat, wörtlich folgendes: »Er fongt an, den Land schon nicht zu sehn...« Man unterbricht und fragt: »Bitte, wie?« Sie wiederholt mit fast gereizter Bewunderung: »Ich hob gesat: er fongt an, den Land schon nicht zu sehn!«

In dieser Art geht es zehn Minuten weiter. Und wenn der Zuhörer plötzlich unter dem Stuhle liegt, ohne Widerstand in Lachzuckungen bloß noch wie eine Maus pfeift, springt die Dichterin, welche dergleichen in einem deutschen Verlag drucken lassen will, gestört auf — mit einem Blick: als ob sie bedauerte, die Nelken gebracht zu haben.

IV.

Sie sei bedankt für eine bezaubernde Stunde.

Mitbringsel

I.

Am Morgen nach einer Heimkehr wundert sich der Mensch, daß kein Steward erscheint und fragt, was man wünsche...

Noch ist, bei vorzeitiger Ankunft, niemand in der Wohnung; Eurykleia bei ihren Eltern... Es liegt alles herum, wie es in der Hast der Abreise vor bald sechs Wochen verlassen wurde.

II.

Man zieht die Vorhänge zurück, dann die grünen Jalousien
hoch; das Licht dringt herein. Der Koffer steht halbgeöffnet
— da vergißt ein Mensch das Frühstück und stürzt auf ihn;
die Beute wird ausgepackt; in marokkanischen, sevillani-
schen, algerischen Läden erfeilscht. Mit einer Wollust stellt
man die Sachen in eine Reihe hin; ihr Bild schlürfend.

III.

Höhe des Jubels bei drei Gitarren; worunter zwei arabische — und eine aus Madrid. Daneben liegt eine maurische
Trommel, wie eine Schiefertafel flach.

Noch einmal klettert die Freude... bei zwei Marokka-
nerpfeifen: lange Stäbe, holzgeschnitzt, mit bunten Farben
getuscht — der Pfeifenkopf ganz winzig, nicht dicker im
Umfang als die geschnitzten Stabrohre selber. ... Sieht aus
wie ein Stab, der an einem Ende dampft...

Und was für Tabak! er läßt Lustschauer über den Rücken
kriechen, wenn man ihn ansieht. Ist gar kein Tabak, sondern
»Kif«, so nennen ihn die Eingeborenen; farbiger Staub; zer-
malmter Hanf; mit Vorsicht zu rauchen... aus der Kif-Pipe.

IV.

Über die andren Beutestücke geh' ich weg; nur einen Blick
noch schmeiß' ich recht flüchtig, aber liebevoll, auf zwei le-
derne Kabylentaschen, farbig gemalt, farbig gestickt, mit
langem bunten Gehäng.

Einmal muß der Mensch frühstücken.

V.

Und siehe, als man hernach über einen Platz wandelt, dem
Spatenbräu zu (großer Vater, es ist fast Mittag), da kommt
von neuem der Gedanke: wie hübsch manchmal die Stadt
Berlin ist.

Sauberkeit und Nettigkeit in diesem Viertel. Nach dem spanischen Schmutz und dem afrikanischen Dreck. Man staunt, daß es so Frischgewaschenes, Geputztes, Blitzblankes in der Welt gibt.

Geschäftsmädchen, wie Ladies...

VI.

Spatenbräu... Kalter Kalbsbraten; weichgekochte Eier... Grünlich heiterer Schatten der Straßenbäume.

Spatenbier ist nach so langen Entbehrungen ein zauberhaftes Getränk, mit keinem Trank der älteren und neueren Mythologie vergleichbar.

Der Kellner sagt: »Herr Doktor, waren so lange weg?« Alles ist herrlich. Bloß an die Lieblosigkeit einer so unbegabten Luft gewöhnt man sich schwer.

VII.

Aber meine drei Gitarren; worunter zwei arabische...

An den Dieb
Oder: Nachwirkungen der großen Zeit

Geehrter Dieb!

Ich beklage den Verlust einer goldnen Uhr.

Sie sind, lieber Herr, liebe Dame, nun die einzige Hoffnung.

Meine goldne Uhr war ganz flach; das Zifferblatt unten etwas verwischt — von Meerwasser, das in der »Smaragdsee« mal über sie hinschoß.

An der Uhr hing (außer mir) eine kurze, goldne Kette von meinem Vater; hieran ein Ring mit einem Brillanten von meiner Mutter; daneben zwei Trauringe, der eine mit vollem Namen des Verlierers nebst dem Zusatz: 15. 7. 1918.

Werter Dieb! Vielmehr: Hochgeehrter Finder! Sie lauern vielleicht auf den Anstoß, welchen der Verlierer geben soll — damit Sie kommen und sprechen:

> »Hier ist sie; als ich sie aufhob (aushob), ging mein Trachten auf Gewinn; fachmännisch gesagt: ich habe die Sore wegen dem Rebbach geklaut. Jetzt aber, da ich weiß, was Ihnen daran liegt, zahlen Sie Lösegeld... wollte sagen: Finderlohn.«

Das will ich, verehrter Freund, liebe Zeitgenossin, sehr gern. An der Uhr liegt nichts (sie wurde mal vom Honorar eines Artikels gekauft, der für menschenwürdige Behandlung in den Gefängnissen eintrat). Aber die Kette! Die Ringe!

Jawohl die Kriegsjahre haben den Rechtszustand in einen Raubzustand verändert. Ihr Tun, lieber Herr, liebe Dame, war eine natürliche Wirkung der großen Zeit.

Ich bin aber Pazifist. Seien Sie es auch — und bedenken Sie: man könnte Sie doch, doch, doch erwischen. Statt dessen machen Sie lieber ein Geschäft mit mir... und sind hernach kein Verbrecher.

Verbrecher sind nur solche, die bestraft werden.

Mit herzlicher Empfehlung an Ihre ganze Zunft und mit (jetzt aber ernst gesprochen) ehrenwörtlicher Zusicherung letzter Verschwiegenheit

Alfred Kerr.

An den Finder

Das ist der Segen der Presse! Kein Dank an sie scheint warm genug.

Als, neben so vielen, auch ich bestohlen ward (Hundertfältigkeit der Ereignisse, denn wer hat noch alles? in diesem Abruzzendorf an der Spree!), da wurde hier der... Inhaber meiner Uhr vermahnt. Voll Vertrauens in seine bessere Menschlichkeit.

Und was geschieht?

Edler Freund! Unbekannte Freundin! Sie haben sich gemeldet. Noch ohne Namen. Immerhin, »Teddy tausend« ist die Losung.

In dem Brief mit der erfreulichen Uhr-Kunde heißt es (dichterisch), wenn auch in Form eines Diktatfriedens:

> Bescheid muß stehn an gleicher Stell'.
> Geben Sie viel und geben Sie schnell!

An gleicher Stell' mag es heute zum letztenmal sein. (Eine Zeitung ist ja der Ort nicht zum Briefwechsel einzelner prominenter Mitbürger.)

Guter Herr! Gutes Mädchen! So gewiß der Verlierer in keine Falle gehen wird: so gewiß stellt er keine Falle. Wohlan!

Mehr Freude denn über zehn Gerechte herrscht über einen reuigen Finder.

Alfred Kerr.

(Ich habe die Uhr nie wiedergesehn.)

Rundfrage betreffs Erfahrungen

I.

Der Leiter eines literarischen Magazins schickt mir folgende Rundfrage: »Gaben Sie schon eine Zeitschrift heraus — und welche Erfahrung machten Sie?«

Will er lernen? Ich gab vor Jahren den »Pan« heraus. Die Erfahrungen: ich habe siebzehntausend eigne Goldmark dabei mit Freuden zugesetzt. (Als ein lediger Junggesell.)

II.

Erfahrung 2: — Komisch langjähriger Haß wegen abgelehnter Manuskripte.

Einer, dessen hartnäckige Sendungen wegen ihres Begabungsmangels haufenweis zurückgingen — er verlor später wegen Unfähigkeit seine Stellung als Redakteur —, läßt noch heut keine Gelegenheit aus, um der eingepökelten Wut über dankend Abgelehntes Luft zu machen. In matter Nachahmung. Es ist jedesmal zum Klettern.

III.

Erfahrung 3: Ein andrer, dessen Beiträge wegen ihres Zustandes ebenfalls freundlich zurückgeschickt wurden, ist heute... Gesandter.

In diesem Amt bleibt seine Beschaffenheit weniger zu erkennen.

Flucht in einen Beruf, welcher das gegen die Tenöre herrschende Vorurteil so sehr abgeschwächt hat. (Siehe den Weltkrieg.)

IV.

Erfahrung 4: Für die einfachere Tätigkeit, Marken auf die Streifbänder zu kleben, war von der Verlagsleitung ein vierzehnjähriger Knabe verpflichtet worden, welcher die Arbeit gern unter dem Tisch sitzend vollzog.

Das Bild dieses Knaben, der dort saß und leckte, bleibt mir eine der dauerhaftesten Erinnerungen an den »Pan«.

Wenn der geschäftliche Sozius hastig eintrat und fragte: »Wo ist das Personal?«, sprach ich:

»Das Personal sitzt unter dem Tisch.«

(Aber das wird den Urheber der Rundfrage nichts lehren.)

V.

Erfahrung 5: Der Herausgeber jeder Zeitschrift verbinde sich eine Handvoll begabter Kerle, die für ein freiheitliches Wunschziel durch Feuer gehen.

(Keinen Schutzklüngel für eine ästhetische Richtung.)

VI.

Erfahrung 6: Im Ernst ergreifend werden für den Herausgeber (so war es wenigstens für mich) übersandte Verse. Noch wenn sie künstlerisch Kehricht sind.

Ich bekam sie jeden Tag. Aus jedem Nest. Es lag darin so viel Sehnsucht; so viel rankend schwärmerischer Wille — bei

so vieler Verschwommenheit. Da meldet sich die Empfindung: Deutschland besteht aus Lyrikern.
(Erst hiernach begreift man den Zustand unsrer Politik.)

VII.

Erfahrung 7: Die wichtigste für den Herausgeber eines Magazins liegt in folgendem:
Er muß gewärtig (und bereit) sein, es, ohne Zugeständnis, fast bis zum wirtschaftlichen Selbstmord zu halten.
Er muß lächelnd, aber unnachgiebig, zu sich selber sagen, was Bismarck zu dem künftigen Bulgarenherrscher Battenberg sprach: »Es wird Ihnen eine schöne Erinnerung sein.«
Ja: eine der schönsten.

VIII.

(Dabei gibt es heute für siebzehntausend Goldmark eine Segeljacht.)

An Herrn Gottfurcht

I.

Sie forderten letzthin, unbekannter Herr Fritz Gottfurcht, monatlich einen Tag der »Propaganda für die Namenlosen«, vor allem bei der »Presse«. Sie ermuntern hierzu die »Arrivierten«.
Es sei, äußern Sie, »Sitte geworden, daß kein Arrivierter, bei dem Fluch der Lächerlichkeit, glaubt, den Namen eines Namenlosen in den Mund nehmen zu dürfen«.

II.

Gottfurcht, ich weiß von dieser Sitte nichts. Ich weiß, Gottfurcht, von diesem Fluch nichts.
Ich weiß von Telephongesprächen folgender Art:
»Herr X., ich habe von Herrn v. Z. einen Empfehlungsbrief an Sie.«
»Herr v. Z. ist mir unbekannt. Was möchten Sie?«

»Ich will Zwischenreporter bei der Presse werden.«
»Was ... wollen sie werden?«
»Zwischenreporter.«
(Ich, bei mir: »Es gibt also Zwischenreporter.« Laut:)
»Was sind Sie jetzt?«
»Bankbeamter.«
Warum, alle drei Parzen, will ein Bankbeamter durchaus
Zwischenreporter werden? und warum durch mich, durch
mich, durch mich? — Weh mir!

III.
Gebrochen ins Arbeitszimmer ... wo Dramensäulen in
Tippschrift, Essayfelsen in Handschrift, Strophenstapel das
Licht, das Leben verdunkeln — bis von Zeit zu Zeit ein
furrchtbaaares Pogrom ...

IV.
Aber ich weiß auch folgendes:
Gegend bei Halensee. Ein Dramatiker, siebenundfünfzig.
»Tag.«
»Was tun Sie hier?«
(Er zeigt ein Kontobüchel.) »Ich verkaufe Seife, Parfüme-
rien, Zahnpasta — rings in den Geschäften. Leider mehr Spe-
sen als Verdienst. Mein Rhamses-Mysterium in vier
Akten ...«

V.
Das Herz eines Kritikers kehrt nur von Zeit zu Zeit in die
richtige Lage: weil sich's oft umdrehn muß.
Weil man ja nicht von Stein ist. Weil man für alles, was hienieden, über körperliche Notdurft hinaus, langt und bangt
und giert und kritzelt, im Grunde, trotz mancher Wut, einen
seltsamen Anteil ewig bewahrt.
Oft mit doppeltem Bauchschmerz der Seele: weil vieles
Geschriebene so schlecht ist; und weil es vielen Schreibern
so schlecht geht.
Oder weil man wie zu dem »Rhamses« kein Verhältnis,
trotz aller Achtung, bekommt. (Ein Schmerz bleibt es.)

VI.

Letzte Postsendung: das Schauspiel einer Vierzehnjährigen, welche »das Stück mit Unterlassung der Schularbeiten geschrieben« hat. Widmung vorn: »Meiner Muttel zu eigen.« (Am Ende schrieb es die Muttel . . . Kein Trick wird unversucht gelassen.)

VII.

Aus einem Vortrag — den ich für Schriftsteller hielt:
»Und nun sei offen geredet. (Es ist ja das Geschäft des Schriftstellers, die Wahrheit zu sagen.) Der Satz ließe sich rechtfertigen: Es gibt in Deutschland ein paar tausend Schriftsteller zu viel . . .«

VIII.

Tut man trotzdem nichts für euch? Ich half Hunderten. Fünf bezeugen es gewiß.

Manche bezeugten es, indem sie gegen mich auftraten. Manche, kamen sie dann in leitende Stellung, ließen andre den Versuch machen. Doch weil ein zum Leben ja-sagender Mensch nur Bestätigung, nie Enttäuschung erfahren kann: so bleibt alles das kein Unglück.

IX.

Auch kein Anlaß, den Kurs zu ändern. Man liest, was für Menschen bezähmbar ist: an Manuskripten; an Briefen. Aber . . .

Antwort an jeden — und man trocknete längst in der Urne. Quartale gibt es, wo Bitten gehaßt und . . . entfernt werden. Wo man eher bereit ist, knielings den Kreuzberg hinaufzurutschen als einen der (an falsche Stelle gerichteten) Haufenwünsche zu beantworten. Schmerzlich bleibt es.

Aber man hat nur ein Nervensystem — und nur ein Dasein. (Zwei wären mir auch lieber.)

Heißt alles das: arriviert sein?

–– –– –– –– –– –– –– –– –– –– –– –– –– ––

Was verstehn Sie, Gottfurcht, unter »arriviert«? Zweierlei ist möglich. Meinen Sie: durchgedrungen?... Oder meinen Sie: fest gemietet?

Ich wurde (zum Beispiel) erst fest gemietet, als ich durchgedrungen war. Ich beschäftigte mich, bis dahin, bloß mit Durchdringen.

Ich sah durchaus nicht auf hohen Lohn. Sondern verbohrt-selbstmörderisch auf die Erfüllung eines bestimmten Stil-Traums.

Zweimal im Leben bin ich gemietet worden. Beidemal geholt. Spät geholt. Nicht als Bewerber. Niemandes Schützling.

Es ist, bester Gottfurcht, sehr menschlich, wenn Sie, noch bevor man etwas geworden ist, regelmäßig bezahlt sein wollen. Vielleicht haben Sie Glück. Man wünscht es Ihnen.

Verstehn Sie jedoch unter »arrivieren« allgemein, daß man, wie ich, auch »bei der Presse ist«; glauben Sie dadurch Ihre Gesamtstellung zu heben?

Welcher Irrtum.

Jeder Kerl, der etwas kann, verschlechtert seine Gesamtstellung, sobald er auch »bei der Presse ist«.

Nämlich: die Presse hat etwas gegen ihre Mitglieder. Im Vorwort zu dem Werke: »Die Welt im Drama« (1917) schrieb ich:

»Sei ein Jahrhundertschriftsteller, und arbeite ständig auch an Zeitungen — so sagen Sie nicht: ein Dauerwert ist aus unsrer Mitte gekommen; sondern: was aus unsrer Mitte gekommen ist, kann es ein Dauerwert sein?«

Dann: »Wer in Tagesblättern manches hier Stehende vormals drucken ließ, hat Anerkennung nicht zu hoffen. Das ist bloß einer von uns. Die Achtung beginnt erst bei Trotteln, die öffentlich Durchfälle haben. Bei Zurückgebliebenen des

Romanmarkts. Bei Klosettfabrikanten. Bei Mimentreibern. Bei Saalbesitzern. Bei neunzigjährigen Abonnenten.«

Wenn Sie ein Schriftsteller sind und Ihren Schaffensweg erleichtern wollen: dann seien Sie, Gottfurcht-Fritz, nie auch von der Presse. (Falls nicht eine Passion Sie trotz allem haltlos verlockt: in den Tagtumult Worte zu werfen... Ist eine sehr schöne Passion.)

XII.

Bleiben Sie außerhalb der Presse: dann werden Sie auch in fremden Blättern anerkannt. Dann werden Sie eintreffen. Dann werden Sie weilen. Dann werden Sie sich begeben. Dann werden Sie »an« etwas arbeiten. Dann werden Sie mittelmäßig sein und zwei Notizen jede Woche haben.

Dann werden Sie als Politiker eine Politik machen, die mancher Leitartikler viel besser machen würde. Dann werden Sie Romanwälzer schreiben, mit Gesprächen, die statt eines Stils ein Gemummel sind. Dann können Sie, als Bildhauer, im Nebenberuf komische Mißdramen leiern und Ehrfurcht wecken. Kurz, was Ihnen dann zugute kommt, ist: freundlichster Kultus mit einer zurückgebliebenen Gattung der menschlichen Schreibkunst.

Alles das fällt fort, fällt sofort forthin fort, wenn Sie auch bei der Presse sind.

XIII.

Also: um Gotteswillen, Fritz Gottfurcht, wenn Sie durchaus arrivieren wollen, arrivieren Sie anderswo.

Hiervon abgesehn: so war Ihr Vorschlag sehr gut. Er wird... nicht befolgt. Sondern: weiter befolgt.

Rezept für Publizisten
(Oder: Harden im Weltkrieg)

1. Schnattern, bis der Leser spricht: sein Magen ist fester — denn er mußte das außerdem noch niederschreiben.

2. Fünf Meinungen äußern, untereinander entgegengesetzt. Dann eine davon zitieren als »damals gleich gesagt«.

3. Eine einzige (falsche) äußern — trotzdem behaupten:
»damals gleich gesagt«.

4. Tun, als schwimme man wider den Strom, wenn man
die Massengesinnung bewedelt.

5. Falls etwas im Gange, aber noch wenig bekannt ist, es
»raten«.

6. Nicht fragen, ob ein Ding wert ist, verfochten zu sein;
sondern was damit zu machen ist.

Die Umwälzung in Holstein

I.

Eine monatelange Pause liegt zwischen diesem Tagebuch-
blatt und dem vorhergehenden. Seitdem sieht die Welt abermals verändert aus. Auch mein Leben.

Seit am 23. Oktober Inge starb.

Ich war in der Nordwestecke Deutschlands, als die Umwälzung, von dort aus, begann. Vier Tage, bevor alles in Berlin losging, fand ich mich auf der Heimkehr von Holstein.

Die Menschen in der Marsch wußten noch nichts vom
Kieler Aufruhr. In einem geschlossenen altertümlichen Wagen fuhren wir (Inges Mutter; Pietchen; und ich), es war
Mittwoch, zurück nach einer kleinen Landstadt, wo man
kurz vorher im Nachtquartier gewesen war. Von hier ging es
mit der Bahn weiter, heimwärts.

Nein, es ging nicht weiter...

II.

Nach einstündiger Fahrt hieß es: aussteigen. Altona blieb
der Kreidestrich, den man jetzt nicht übertreten durfte.

Altona? Hatte mich nie dort aufgehalten, sooft ich glück-
lichere Zeiten in meinem früheren Dasein am Alsterbecken
in Hamburg zugebracht.

Welches ist hier das beste Hotel? Kaiserhof? Rasch hinüber.
Wir bekommen eben noch die letzten Zimmer, mein gutes
Pietchen und ich.

III.

Im Erdgeschoß am Eingang: Soldaten mit roten Abzei-
chen. Hier und in den Nebenräumen etwa dreißig Mann.
Diese Erscheinung war mir neu.

Aber ich kam ja wie aus einem Schlummer.

Jede Anmeldung überwacht, jeder Durchgehende sehr
taktvoll und zurückhaltend gemustert. Alles unaufdringlich,
in guten Formen.

Der Gefreite in Feldgrau und hohen Stiefeln, zum Adlatus
des Pförtners geworden, schien ein studierter Mann. Das
Benehmen mustergültig.

»Warum ist hier eine Besatzung? und alle mit roten Kokar-
den?« Der Pförtner, der uns zu den Zimmern bringt, wundert sich, daß wir das nicht wissen. »In Hamburg ist Solda-
tenrat!«

Mit einem Schlag übersah man, was vorging… und
wurde gewissermaßen aufgeweckt. Als hätte man wirklich
bis dahin totentief geschlafen.

IV.

Der Bahnhof drüben gesperrt. Jetzt fährt ein Soldatenwa-
gen vor; Brote werden an die Besatzung verteilt. Frauen rufen zu den Besatzungssoldaten heitere Worte. Denkbar vor-
treffliches Einvernehmen… Aber jetzt, was ist das?

V.

Es knallt — auf dem Platz wird geschossen. Die Ange-
sammelten stürmen auseinander. Zwischendurch immer
Schüsse.

Wir suchen Deckung an Gaskandelabern, rennen etappen-
weis über den Platz. Ich habe den Krieg hier in Altona ken-
nengelernt… (Das Ganze hat, wie man später hört, auf einem Mißverständnis beruht.)

VI.

Der Platz ist nun menschenleer... Gegen Mitternacht rollen Autos mit Maschinengewehren durch das Dunkel — vom Fenster im unerleuchteten Zimmer ist kaum was zu sehen.

Alles wird unten zur Abwehr eines Angriffs vorbereitet — aber der Angriff (am Morgen weiß man es) ist nicht erfolgt.

VII.

Unter Tags gehn die Straßenbahnen wieder; ich suche morgens in Blankenese die Lehrerin auf, Inges Freundin; sehe die Elbe schimmern, grau, im Novemberflor, der ganze Ort liegt schweigend, verregnet, kalt und fahl. Kalt und fahl ist alles.

Im Nachmittagsdunkel fröstelnd, geht man durch eine Altonaer Straße mit dem merkwürdigen Namen Palmaille. Nie gesehn. Hier hausen wohl die Alteingesessenen?

Früh zurück in den Gasthof, weil öffentliche Anschläge mit Erschießung drohen, wenn man sich nach acht auf der Straße blicken läßt. Ist in Zimmern nach neun Uhr Licht, so wird in die Fenster geschossen.

Nun — erst sieben. Wir essen etwas im Untergeschoß. Aber da plötzlich stürmt...

VIII.

Da stürmt eine Handvoll der Besatzung hinein: — sofort räumen! Das Licht ausgedreht. Alle lassen die noch ungeleerten Teller stehn, man tappt im Stockdustern (während draußen geschossen wird) nach der Treppe — um in die Zimmer zu kriechen. Wirklich tastend zu kriechen.

Ein Angriff von Wandsbeker Truppen wird erwartet. Ich bitte, da Pietchen, die leidend ist, unmöglich in dieser dicken Finsternis zu den oben gelegenen Zimmern wird vordringen können, einen der Soldatenräte (den man an der Uniform fühlt, denn zu sehn ist kaum etwas): er möge jemand zur Begleitung mitsenden. Er gibt in höflichster Weise sofort Befehl. Alles wird ritterlich erledigt...

Und jetzt sitzt man in den dunklen Zimmern... und weiß, daß rings im Dunkel und im Bahnhof selber Mann bei Mann in Bereitschaft liegt.

Gegen Mitternacht neigt man sich halb angekleidet aufs Bett. Am Morgen ist alles ruhig. Die Wandsbeker sind nicht gekommen.

IX.

— — — — — — — — — — — — — — — — — —

Mittags endlich fährt ein Zug nach Berlin ab. Oder doch in der Richtung auf Berlin ab... Er kommt nicht hin.

Zwei Tage und zwei Nächte bleiben wir in Wittenberge sitzen. In den paar Gasthöfen dieses Ortes wimmelt es von Steckengebliebenen. Ich treffe Benvenuto Hauptmann, in Marinefähnrichsuniform.

Warum geht es nicht weiter? Gleich hinter Neustadt ließ der General v. Linsingen die Schienen aufreißen... Ein Landtagsabgeordneter verharrt gleichfalls in unsrem kleinen Gasthof; man spricht über die Lage des Reichs.

X.

Am Sonntag vormittag, weil Wittenberge landschaftlich und in den Bauten wenig anziehend ist, ging ich — aus halber Neugier, was der Geistliche zu den veränderten Umständen sagen wird — in die große Ziegelkirche.

Rings Gestalten in Trauerkleidung. Der Prediger berührt die politische Umwälzung mit keinem Wort... Er spricht von der furchtbaren Beute, die der Tod in der Heimat macht; von den vielen, die (gleich dir, Inge) an der Seuche niedersanken; er berührt hier die Erzählung von Jairi Tochter... wo der Ruf erklang: »Mägdlein, wandle!« In dem gefüllten Bethaus ist mancher eingeborene Jairus neben seiner schwarzgekleideten Frau — er hörte, wie gern, diesen Ruf. Der erschallt aber nicht.

XI.

Noch ein Gang dann an die Elbe, durch den langhingezogenen Ort, der gar nicht aufhört.

Schon nachts war man vorgestern da draußen, um wegen der Weiterfahrt auf einem zu mietenden Motorboot bis in die Havel mit dem Fischer zu verhandeln. Er will nicht fahren...

Schließlich geht doch ein Zug, mittendrin eingelegt, in der Richtung nach Berlin. Die Schienen hinter Neustadt sollen jetzt ausgebessert sein.

Warum auch nicht? Extrablätter haben in Wittenberge schon verkündet, daß in der deutschen Hauptstadt nun das Neue gesiegt hat: auf dem Schloß die rote Fahne; die Naumburger zum Volk übergegangen; der Kaiser nicht mehr Kaiser.

In Wittenberge sind alle diese Botschaften von mir erlebt worden... bei der Heimkehr von Holstein.

XII.

Der Zug ging ab. Ein Hauptmann, der bereits Bürgertracht angelegt hat, im Abteil; ein Leutnant in Uniform auch.

Für uns, die wir noch halb umnebelt waren, als ob der Holsteiner Nebel sich nicht mehr bannen ließe, war alles das erstaunlich —; am erstaunlichsten, wie verändert bereits der Hauptmann und der Leutnant sprachen. Erstaunlich frei.

Wohingegen ein grauhaariger Zivilist, aus dem mecklenburgischen Schwerin, wohl ein Justizbeamter, sich grimmig und kaum verhüllt gegenrevolutionär äußert...

XIII.

In dem Abteil wurde, zwischen Rattern und Halten und Zurückdampfen, sehr viel gesprochen, bis fast alle zuletzt ermüdet waren. Am Spätnachmittag fuhr der Zug in Berlin ein. Das Wetter war unwirtlich und dunkel. Ich begab mich in meine Wohnung.

XIV.

Ich trat ins Arbeitszimmer, wo der eiserne Sarg vor vierzehn Tagen gestanden hatte.

Der Helfer Hugo Wolf

I.

Es geht im Dezember 1918 unsrem Lande nicht gut.

Schlimm ist der einzelne dran, der, neben dem deutschen Unglück, einen eignen, sonderlichen Lebensschmerz zu durchfressen hat.

Der Einzelschmerz hat sich durchzukämpfen. Neue Erkenntnisse dämmern dabei herauf. Manche, so ich, haben bisher gemeint, wenn sie aufrecht und stark waren, daß den Menschen ein Leid am letzten Ende doch nicht von Menschen widerfahren kann; daß aber sein Glück jedem Menschen bloß von einem Menschen kommen kann. Das waren Irrtümer.

Heute weiß ich: der stärkste Schmerz, der unsereinem zugefügt werden kann, kommt von einem Menschen — wenn der sich davonmacht.

II.

Was zurückbleibt... ist Musik. Der Trost kommt von Sachen — wenn Menschen ihn nicht mehr geben können.

Musik: höchste Helferin auf Erden. Was Freunde sprechen, was Wohlgewillte schönfärben: das ist für die Katz'. Was man sich selber zuspricht in Worten oder Sätzen...: das ist abermals für die Katz'. Aber was im Klang ergossen verflutet, das, das, das wird Erlösung.

Hier ist ein Brückentor zur unbestimmten Ferne. Musik leitet auf den Weg: Verlorenem nach. Fort vom holden und erbarmungslosen Jahrmarkt des Hierseins.

III.

HUGO WOLF hat einen Klang dafür gefunden (nicht Mörike, der nur die Worte fand), als er dem All getröstet und erschüttert zusang: »Laß, o Welt, o laß mich sein. Locket nicht mit Liebesgaben. Laßt dies Herz alleine haben seine Wonne, seine Pein.«

IV.

Geister wie diesen Scheuen sieht man sich im allgemeinen Unglück an — er soll unglücklich gewesen sein. Immer von neuem wendet sich in diesen Tagen mein Herz zu ihm.

V.

Der Steiermärker Wolf hat ein scheinbar elendes Dasein geführt, war immer nur als Gast bei mildtätigen Freunden geduldet, mußte zu jeder Berufsfahrt mit Kleidung und gepumptem Geld versehn werden, bis er, siebenunddreißigjährig, ohne die Außenwelt geschmeckt zu haben, ins Irrenhaus einzog... Doch war er unglücklich?

VI.

Er bleibt einer der größten Schmerzkünder, von denen die Erde weiß — in diesem Verkünden lag sein Glück.

Auch das sind Erkenntnisse, die in einer Epoche der Trauer wachsen. Ihm kam das Glück nicht mehr durch Menschen, sondern durch eine Sache, durch seine Sache: durch die Musik.

Er war glücklos, nicht unglücklich.

VII.

Mit Musik richtet man kein Land wieder auf, stellt man kein Volk wieder her.

Aber sie holt Erdgrüblern einmal noch die Hände — von solchen, die gewesen sind.

Im »Einsiedler«

I.

Diesmal zog ich am ersten Weihnachtstage, meinem Geburtstag (am vorigen war ich unvermählt; jetzt bin ich es wieder), ins winterliche Potsdam.

Dort war ich vor einem Jahr gewesen, genau an diesem Tag. Damals mit Inge.

Keine Veränderung in der Stadt. Nur daß etwa die betagte höfische Konditorei, an dem altertümlich großen Platz, erloschen und verdunkelt blieb.

II.

In der bauchigen petersdomartigen Kirche vor dem Obelisken sangen wieder die Knaben links auf dem Chor: »Stille Nacht, heilige Nacht!«, gegen sechs Uhr des Nachmittags, wie vor einem Jahr. Der Klang war anders. Hatte sich die Schar verdünnt? Hatte die Seuche von den Jungens welche geholt?

Scholl es damals feiersam und lieblich, weil hoher weißer Schnee rings um den Obelisken dämpfend gelegen hatte? weil man keinen Schritt in den Straßen hörte?

Weiß nicht.

III.

Ich ging über die Steinfliesen, sachte, durch den Vorhangschlitz wieder davon.

In der »liturgischen Andacht« sangen die Menschen: »Ich lag in tiefer Todesnacht — du wurdest meine Sonne.«

IV.

Nach einigem Herumwandern ging ich, während in naher Ferne der Pfingstberg mit seinem einst seligen Sommerblick erdunkelnd in feuchtem Schnee fror, in den alten Gasthof zum »Einsiedler«. Er ist noch immer sehr gut, Inge.

Der Kellner vom vorigen Jahr und aus der Sommerzeit bedient noch. In dem ganzen Raum saßen vier oder fünf Menschen. Ich nahm das Weinglas... und hob es zum Licht.

Umzug

I.

Anderthalb Jahre sind vorbei. Ich bin nicht zugrunde gegangen. Über ein Jahrzehnt saß ich in diesem Hause des Grunewalds. Der Wein, der alles überwuchs, war im Lauf der Zeit allmächtig geworden — er drang durch Ritzen der Doppelfenster, überspann die grünen Stabvorhänge oder Schallusien, bis die eine, neben dem Söller im arabischen Gemach, nicht mehr hochzuziehn ging, seit sie vor neun Jahren einmal heruntergelassen war... so daß ein hold-grünlicher Dämmer in dem Raum herrschte.

Der Wein wuchs in die Altanrinnen, in die Seitenkammern, er überschlang das Fensterchen der Badstube, klomm an der Mauer des Arbeitszimmers (wo einst ein weißer Kater Miezislaus durch die Feuerwehr aus den Ranken, verirrt wie Kaiser Max, befreit werden mußte). Der Wein wuchs in den Erker seitlich vom Bett. Ich war der reine Dornröserich.

II.

Der Abschied von alledem wird einem nicht leicht. Zu diesem Obdach war man heimgekehrt, von dieser Blätterwildnis ausgezogen — gen Tunis, gen Teneriffa, gen Palermo, gen Lissabon, gen Buffalo, gen Avignon, gen Jerusalem. (Und auch sonst immer »gen«.) Die süddeutschen Berge, das Nordermeer nicht zu vergessen. Ich weiß noch, wie der Einzug in diese Wohnung vor dreizehn und einem halben Jahr gegrüßt wurde — mit dem Anfangswort: »Da san ma da!«

III.

Und jetzt müß' ma weg. Nein, es ist ein Wollen, nicht ein Müssen. Gegenwart und Zukunft sollen lichter werden — zum Donnerwetter.

Wie sagt John Gabriel beim Ibsen? »Überfahren werden wir allesamt — einmal im Leben. Da muß man eben wieder aufstehn.«

IV.

Das Lichte, das Schöne hat schon angefangen.

Wäre bloß der Umzug nicht! So ein Vorgang ist kaum in drei Tagen erledigt, sondern, wenn das Schicksal wohlwill, in drei Monaten. Zu viel war aufgestapelt an weggelegten Papieren, Schriftstücken, Manuskripten, Briefen (ach, meist

unbeantwortet! ich bitte jeden um Verzeihung!) — mit alledem mußte Schicht gemacht werden. Mottenfutter.

Zwischen manchen Seiten unendlicher Staub. Ein Manuskript sah ich — nicht frei von Ergriffenheit. Die quoll nicht
aus dem Inhalt, denn es war noch uneröffnet... Ich stellte
fest, daß der Verfasser es in meine drittvorige Wohnung anno
dunnemals gesandt — die Zeit hatte jedoch nie erlaubt, die
Schnur zu lösen, das Siegel zu brechen.

(Man müßte ja sein Leben als Opfer fremder Leute ver-
bringen, privatem Befehl erliegen, wenn der Erhaltungs-
drang nicht herrisch forderte, daß man die kurzbemessene
Frist hienieden eher an Atmen und Spazierengehen setzte
denn an das Entziffern lieber, törichter Hirnspielereien).

V.

Die Inhaber mancher ungeöffneten Manuskripte waren
gestorben, häufig in geachteten Lebensstellungen: sogar als
Geistliche. Die älteste jener Handschriften, die aus der dritt-
vorletzten Wohnung, zu öffnen, trieb mich nun die Neugier.
Das war aus Österreich gekommen, als ich meinen Doktor
kaum gemacht und frühe Kritiken veröffentlicht hatte. Der
Verfasser lebt nun vielleicht... in Linz an der Donau, nach
einem wohlangewendeten Dasein; vielleicht von einer ver-
heirateten Tochter betreut; im Gedenken an einen gefallenen
Sohn. Ich sah hinein; es war eine Novelle; nicht kitschig oder
gemeinplätzig, sondern von einer gewissen Zartheit, aber so
wie es zehntausende gibt... Leb wohl, Manuskript. Einen
Gruß an den verschollenen Autor.

VI.

Pakete und Umschläge, die man im Lauf der Jahre geöffnet
hat, offenbaren im Begleitbrief nur selten irgendeine Be-
sonderheit, etwas Unbestimmbares, das auf einen eigenge-
wachsenen Kerl folgern ließ — dann aber fiel man über das
Manuskript her... und trat für ihn ein.

VII.

Neben alledem viel irgendwohin geworfene Briefe. In einen Kasten geschmettert. In Ecken von Rumpelkammern getürmt. Bei manchen bestand wohl die Absicht einer Antwort; es kam nicht dazu. Bei manchen eine Scheu, sie zu vernichten... Ganze Lebensabschnitte stecken drin. Ball-Einladungen von Leuten, die lange tot sind, oder im Ausland, oder im Irrenhaus.

Briefe; Zettel, durch Boten überbracht. Visitenkarten. Telegramme. Verrutschte Photographien. Rechnungen. Keine Wirtschafterin durfte je ein Papier wegnehmen oder anfassen — bei Todesstrafe.

Zwischendurch ein Bild... des Dänen Holger Drachmann, des weißbärtigen Riesen, mit dem ich manchmal Falerner Wein in Berlin trank. Ich hatte das völlig vergessen. Ein paar Bilder der Sorma — wie oft hatt' ich sie gesucht! Eine Bitte des Museums in Hannover, dorthin das Gedicht »Es geht eine Schlacht, mit schwerem Gang...« handschriftlich zu überweisen. Dreitausend andre Briefe. Ja, ein halbes Leben steckt hierin. Lebt wohl. Keiner wird euch mehr lesen. Die Luft soll staubfrei sein.

VIII.

Ich wollte vom Umzug sprechen — ein Schriftsteller verliert sich zu leicht... Also dies ist das Furchtbarste; zumal, wenn man viele Bücher hat und Mitbringsel aus fremden Ländern. Vierunddreißig Kisten vollzupacken bedeutet kein reines Glück.

Nachher kommen zwei Packer, für die zarten Sachen: für das Porzellan von den Urgroßeltern; für die Bilder; für die fremdländischen Kinkerlitzchen.

Der eine Packer goliathgroß; ein kleiner verwegener als Hilfskraft. Zwischendurch platzen die Teppichklopfer hinein. Denn die Teppiche, mancher eigenpfötig aus dem Morgenland geholt, müssen durchaus entmottet werden. Na, schön. (Geckerei!...)

IX.

Dafür erlebt man seine Freude an Packern und Ziehleuten. Famose Kerls. Der lange Packer, »Alfred« von seinen Kollegen genannt, lenkt alles. Er selber greift zu, indem er die schwersten Lasten mit immer lächelndem Gesicht (das vielleicht Ausdruck seiner körperlichen Anstrengung ist) langsam und gewissermaßen leicht hochhebt. Daneben ist unter den sieben Mann einer, fast waagrecht-plattgequetscht von Dielen, Schränken und Klavieren, die er schon getragen hat. Eine kurze breite Muskelausstellung. Der nimmt die wuchtendsten Bürden nicht nur hoch, sondern schüttelt sie aus Sport manchmal noch ein bißchen in der Luft. Zuletzt allerdings tropft er ... und macht nichts Überschüssiges.

Beim Anblick eines hundertjährigen Spinnrads sagt dieser Nackenstämmling lächelnd: »Spinn, spinn, Mägdelein!« Vor meinem großen heil. Joseph, in Holz gemeißelt, der Mantel Gold mit Blau, der Christussäugling auf dem Arm, im Gesicht beide von freundlich-altertümlicher Lackfarbe, beide vom Sockel genommen und auf die Erde gelangt — hiervor sagt er: »Det hat Herr Doktor woll aus Frankreich mitjebracht?« Irrtum; aus Bayern. Ja, sagt er; er hat auch dort schöne Kirchen gesehn — »aber die franzee'schen sind noch ville scheener!«

Sein Genosse schraubt meinen Briefkasten ab und sagt, als der los ist, unbegründet: »Briefe, die ihn nicht erreichten.« Stillvergnügt — stolz auf die Kenntnis. Wo hat er sie her? Vielleicht aus dem Feld.

X.

Sie schleppen die vierunddreißig Kisten hinunter, dann wieder hinauf, es ist warm — und ich denke:

»Wie kommen eigentlich diese Leute dazu, meine Kisten im Schweiß ihres Angesichts zu tragen? ... Warum trag' ich ihre Kisten nicht — — sondern sie meine?«

Wenn ich ihnen diese Gedanken mitteilte, würden sie mich für verrückt halten. Aber ich hab' sie doch ...

XI.

Auch der Nackenathlet beginnt nun schon etwas zu beben, wenn er die schwerste Truhe über die Treppen der andren Grunewaldwohnung trägt. Zwischendurch bringt er Lasten in den Bodenraum. Und ich grüble beim Anblick dieser schwitzenden Menschen: wer erfindet einen Apparat, der das Tragen von Lasten innerhalb der Häuser über die Treppen den Leuten abnimmt? Wird in etlicher Zeit jedes Haus, wie es einen Blitzableiter hat, nicht einen Außenaufzug haben, mit verstellbarem Kranarm, der die Möbel elektrisch in jede gewünschte Ecke hebt und absetzt?... Menschen sollen nicht Zugtiere sein — zumal die Zugtiere fast aufgehört haben, Zugtiere zu sein.

XII.

Freilich, was ich selber zu tun habe, nimmt mir kein Kran ab. Ausziehn ist leicht, Umziehn ist leicht. Aber Einziehn — das ist schwer!... Wenn man seine Bücher nämlich aufstellen muß. Nach Gebieten alle geordnet. Und wenn sonst alles unterzubringen ist. Oder wenn man, wie ich, vor der neuen Heirat steht.

Ja, es ist kein Schreibfehler.

Ach! Zunächst findet man nichts mehr — in dem neuen Wohnsitz. Zu den Daseinskrisen des Umzüglers gehört, daß irgendeine freundliche Hilfskraft, vielleicht aus der Verwandtschaft meiner süßen, frischen, blutjungen zweiten Frau, gewiß vom besten Willen beseelt, heillosen Wirrwarr stiftet. In Pelikanliebe — mit Bevormundung.

Leser, ich warne Sie! Menschen gibt es, die am Umräumewahnsinn leiden. Oder sie kranken an dem Irrtum, rasch entschlossene Anweisungen seien auch richtige Anweisungen. Ogottogottogott! Während ich mich beispielshalber an jenen österreichischen Minister erinnere, von dem es hieß: »Er hatte stets eine rasche Auffassung der Sachlage — doch seine Auffassung war stets eine falsche.« Dieser Drang von sonst gewiß liebenswürdigen Menschen, um jeden Preis fortwährend etwas anzuordnen, auch wenn es rückgängig gemacht werden muß, bewirkt Zustände, wie daß die wichtigsten Dinge, Schlüssel, Anzüge, Schriftstücke, die man sofort braucht, verkramt sind; daß üble Stockungen eintreten; daß eine gute Absicht in das fürchterliche Gegenteil verkehrt wird...

Ja, hilfreiche Naturen gibt es, die sich, wenn sie einmal im Schuß sind, um keinen Preis bremsen können, bei jedem Einspruch hochgehn — und einen Wohnungswechsel zur Lebensgefahr machen...

XIII.

In jedem Fall sitzt man auf Trümmern eine Weile, wie der verstorbene Marius — und knirscht Freundlichkeiten.

Hernach, wenn alles vorüber ist, kommt man zum Genuß: nämlich der grünen Wipfel, der Baumgründe, der Waldsichten, der Gartenwirrnisse (daß man mitunter glaubt, sich in einem Trübnerschen Bild aufzuhalten), des Dachgartens, des Birkenhains — und der guten Luft eines hochliegenden Hauses.

Wieder heiraten

I.

Ich bin also nicht zugrunde gegangen.

Später schrieb ich, in der Kritik über ein Drama, folgendes: »Feierlich wird (in dem Stück von Raynal) festgestellt: die Braut nimmt künftig einen andren — ohne zu freveln...«

Ich fügte zu:

»Es ist selbstverständlich (und bedarf keiner Verkündung), daß ein Mensch, dem ein andrer wegstirbt, hernach heiratet. Weil die Natur es will; weil bei diesem kurzen Aufenthalt für andres nicht Rast ist; weil das Gegenteil Heuchelei noch im Physiologischen bleibt; und weil die innigste Gegenwart auch ein hold unzerstörbares Gedenken aushält. Also, was bei ehrlichen Menschen sich von selber versteht... Das braucht nicht erst verkündet zu werden.«

II.

Und alles das bliebe doch gegenstandslos: wäre nicht so ein Mozartle gekommen, hätte das Tor eines menschlichen Gruftraums geöffnet — und alles ringsum furchtlos mit einem erschütternden Glück erfüllt.

III.

Jemand bei Shaw, im »Arzt am Scheideweg«, sagt ungefähr:

»Haben Sie vergessen, daß Menschen, die einmal glücklich verheiratet waren, immer wieder heiraten?«

Ich bin nicht zugrunde gegangen.

Die neue Erfahrung
Julia

I.

Seltsames Dasein. Man ging seinen Weg bisher über Stock und Stein; über Felsen; durch Ströme; noch unter Höhlen hindurch. Folgte dem Licht, das vom eignen Willen entzündet schien.

Da blinken auf entferntem Pfad, seitwärts, vorn, oben, unten Lichter auf... Unmöglich, allen nachzusteigen.

Man weiß ungefähr: daß man einstens auf den Punkt kommt, wo das unbekannteste Licht brennen wird. (Das aufschlußreichste?)

Man weiß: du wirst von diesem Punkt nie mehr dann in das alte, teure Pfadgewirr der Erde hinabsteigen — weil es einen Rückweg von hier nicht gibt.

Indes ergötzt und erfrischt man sich an den stets neu entdeckten Lichtern vor diesem letzten Weg. So ist das Leben.

Es sei, wie es wolle.

II.

. . . .

Ich habe seit langem im Tagebuch aufgeschrieben, was mir an Kleinigkeiten des Alltags heiter oder halbheiter oder dunkel und drohend widerfahren ist.

Sogar bis auf meine frühesten Versuche mit dem Kodak. Bis auf die Wunder des Radfahrens, als ich es lernte. Dann, wie ich Seehunde zu schießen begann. Dann die Erfahrung eines Menschen, der zum erstenmal Schöffe war. Die Erfahrung beim Automobilunfall, als man zum erstenmal zwischen Aug' und Stirn genäht wurde. Noch sonst Erfahrungen — in sehr abgekürzter Form.

Aber was jetzt mit mir vorgegangen ist, scheint noch sonderbarer.

III.

— — — — — — — — — — — — — — — — — — —

Irgendwo ein Zimmer, ganz in Weiß. Ist es ein Zimmer . . . oder ein Blumengarten? Voll von Flieder, Azaleen, Tulpen, Schneeglöckchen — und allerhand. Sonne fällt herein. Jemand liegt halbschlummrig da. Nicht weit ab steht ein Körbchen — mit weißem Tüll- oder Musselinvorhang. Unter diesem Schleier liegt, zwei Tage alt, winzig, ein neuer Mensch. Das ist mein Sohn: Michael.

IV.

Über diese große Merkwürdigkeit, die einem bisher nie begegnete, muß man sich klar werden. Das Staunen bleibt absonderlich tief — nicht über das Vorhandensein des lieben, ulkigen Geschöpfs, . . . aber weil man es viele Monate nur als verborgenen Bestandteil eines andren Wesens im Bewußtsein trug; weil von einem bestimmten Augenblick ab eine selbständige Person jetzt brüllt wie ein kleiner Fabelstier; (indes er neun Monate lang so stumm gewesen ist).

Achgottachgott, es kann einem geschehen, daß man in der Unerfahrenheit anfangs dieses (zuerst sägende) Geschrei für den unterdrückten Weheruf einer kräftigen Mutter hielt —

und erschüttert war; bis einem jemand sagt: »Nein, es ist das Kind; es schreit; es ist ein Junge!«

V.

Dieser Augenblick bedeutet irgendeinen Eckpunkt.

Eine Erfahrung, die man bisher nicht beobachtet... und im eignen Gefühl nie durchlebt hat. Etwas Neues kommt ins Hirn und Blut eines Erdwanderers.

VI.

Der kleine Mensch selber ist für alle Beteiligten anfangs Nebensache. Weißgekleidete Wesen rennen hin und her, öffnen und schließen Türen. Wie ein Paket, das man irgendwo ablegt, wird auf einem Diwan das Menschlein untergebracht. Alle haben zuerst Wichtigeres noch zu tun.

Ich sage zu dem Lümmelchen: »Michel!« (Mit einem erhobenen Zeigefinger). Noch andres. Es übt keine Wirkung. Er ist eine Rothaut. Ein winziger Indianer. Die Augen noch verschwollen und gequollen — doch hell und lichtreich. Der Kopf ein zarter Kürbis. (Nach zwei Tagen schon sehr hübsch rundlich.) Eine Menge blonden Haars, der ganze Hinterkopf voll, an den Ohren fast ein Seitenbärtchen. Und gar zierliche Nägelein an den Fingerchen. Ist das möglich? Der war vor fünf Minuten noch ganz wo anders?

Und nach fünf Minuten des lebendigen Erdendaseins hebt er diese Händchen, nähert sie dem Mund, den Ohren, fuhrwerkt herum damit, wendet seinen Kopf und — das Erstaunlichste — greift nach der gehäkelten Decke, die eine der Weißgekleideten ihm flüchtig übergestülpt hat,... zieht sie mit den zarten Fingern zu sich hinunter.

Er greift, greift, greift alles, was er kriegen kann, der Bursche... Dazu brüllt er mit Wucht.

Ich rede wieder zu ihm — ohne schlüssigen Eindruck. Endlich kommt eine der Weißgekleideten (ich bin schon beleidigt für meinen Sohn — endlich!) und macht kurzen Prozeß mit ihm. Alles hurre-hurre-hopp-hopp-hopp; 's muß rasch gehn... Sie hat die Puppenkleider zur Hand; der Kleiderschrank des Bengels umfaßt mehr Gewänder, als ich in meinem ganzen Leben je besaß.

Fix gewaschen. Nicht gebadet; das gibt ja durch den Nabel so leicht Infektionen. (Ich erfahre solche Wissenstatsachen erst jetzt, ich ungebildetes Kamel.) Gewickelt, betupft; was sonst noch?

Der zehn Minuten alte Mensch fuchtelt und fuchtelt, brüllt und brüllt. Ob er will oder nicht, hinein in die Jacke. Achgottachgott, was für einen putzigen Umfang hat die! Jetzt legen sie ihn tief in das Körbchen, der Diwan wird leer. Nun ist er versorgt.

VII.

Jemand erwacht langsam, hört das Brüllgezeter und fragt: »Ist das mein Kind? Junge oder Mädel?«

VIII.

Das Ganze bleibt unwahrscheinlich. Man ist... benommen. Alles Gefühl schlägt gleichzeitig verschiedne Richtungen ein. Weiß nicht, wo es zuerst haften soll.

Dies Mirakel der Menschwerdung übertäubt sämtliche Wallungen sonst. Ja, erst in zweiter Linie kommt sogar die Gewißheit, daß es nicht nur ein Kind, sondern mein, mein, mein Kind ist.

Zu vieles strömt auf einen Punkt.

Alles Frühere, alles vor kurzem noch Gewesene greift unglaubhaft ineinander, in drehnigem Wirrsal. Wann war es, Jula, daß du als Mädel in deiner lieben rosa Seidenkappe neben mir gingst am Meer; daß du im Wagen über die Insel fuhrst; daß du manchmal an Wegkreuzungen des Grunewalds mich trafst — daß dann ein hundertkerziges Licht aus mir kam und aus dir; wann war es, daß ich auf meinem Altan abends, kritzelnd, wenn du langsam unten ohne Hut vorbeigingst, dir glückliche Worte zurief. Im Sommer. Im wieder hoffnungsvollen Sommer. Wann siegtest du reizend im Wettlauf, auf dem Gut meiner Freundin, die deine Tante war? als ich fast schwermütig blieb im Gefühl aller Widerstände;

— du aber brachest sie, knackfrisch, unverschreckt, einfach, flink, bejahend, rotbackig. Erweckerin! Bubenengel! Süßmaul! Page! Knutschebock! Lebkuchen! Mausevieh! Hieß mein Vater nicht Jairus?

IX.

Jungenhaft warst du — dennoch voll inniger, fraulicher Verbundenheit mit einer gestorben Lebenden.

Liebes Mozartle.

X.

Später ... alle Treppen hab ich dich hinabgeführt, behutsam, als die (mir etwas fremde) Hochzeit vor Monaten gewesen war; als in dir sich dies Lümmelchen, dies Kerlchen regte — wir frühstückten mit Bauern im Gebirg, du stürztest blaß hinaus, alles Knabenhafte brach zusammen, du warst eine schwangere Frau.

XI.

Und jetzt kreischest du in Schmerzen. Im Nebenzimmer bin ich — vormals ein elender Junggesell. Bald an deinem Bett. Ich höre dich schreien ... und kann dir nicht helfen, vierzig Stunden lang, zwei Nächte lang. Ich kann dir vierzig Stunden lang, zwei Nächte lang nicht helfen. Dein Leben ist auf dem Spiel. Der Arzt geht in der zweiten Nacht zum Telephon; er wünscht einen andern. Ich höre den Satz: »Die Herztöne des Kindes sind noch ... vernehmbar.« Auf die Straße. Droschkenauto. Es ist zwischen drei und vier Uhr nachts; zu dem berühmten Helfer Arzt; ich klingle, brülle, hetze — schlummrig steigt er ein (Jula mit der rosa Kappe!). Der bayrische, herrliche Gigantenmensch holt im letzten Augenblick mit der »hohen Zange« den Sohn, den Sohn. Gibt mir dann die Hand — schweigend, muskelstark, gütig ...

XII.

Auch der Friede, der nun sozusagen plötzlich eingebrochen ist nach soviel nächtlichen Schrecknissen insgesamt, die Uhr zeigt eben erst eine halbe Stunde nach fünf in der Früh, alles ist noch dunkel — auch dieser jäh angebrochene Friede wird zu einem staunenswürdigen Erlebnis... mit dem man sich herumboxt.

Luft schöpfen. Die eingetretene Stille wirkt aufregend: wie wenn man stundenlang Berge stürzen gehört hat — und mit einem Schlag nur jemand zu singen scheint: »Weißt du, wieviel Sternlein stehen...«

XIII.

Das Tollste bleibt in jedem Augenblick, jenseits von diesen Dingen, die unfaßbare Tatsache, daß jetzt statt zwei Menschen drei Menschen im Zimmer sind.

Wer dies alles nicht erlebt hat, ich weiß es nun, kennt die Welt nicht — und hätt' er sie durchwandert in Höhen und Tiefen...

Kant, glaub' ich, meint: der mit einer blauen Brille geborene Mensch würde schwören, daß alles blau sei — und jetzt, durch diesen Vorgang, ist einem, der ihn erlebt, ein andres Brillenglas eingesetzt.

XIV.

Das rätselhafte, lieblich-zarte Geschöpf zeitigt im Lauf zweier Tage viel Abwechslung: im Stimmklang; in den Tonschattungen. Das Brüllen scheint gesitteter — und manchmal (dies, ach, das schönste), manchmal im Halbschlaf wird es zu einem lallenden Gezwitscher; oder einem Zwitscherlallen. Ganz zart. Wie von einem Vogel, der etwas döst.

XV.

Von den vielen Wundern, mit denen man in solcher Zeit überschüttet wird, bleibt eines die stete Wandlung im Gesicht; im Ausdruck der Züge. Das Kerlchen ist keine Rothaut mehr; fängt an gelb zu werden — blüht aber auch schon lieblich-weiß. Und weich. Flaumsacht wie ein Elferich.

Nur gleich nach der Geburt sah er gekränkt aus. Jetzt friedvoll, auch er. Neugierig.

Fünfmal am Tag voll höchster Behaglichkeit — bei den Mahlzeiten. Von wem er die Eßlust (oder Trinklust) geerbt, ist mir gar nicht zweifelhaft.

Der Glanz ruht dann ... nicht allein auf ihm — sondern auf jemandem dicht in seiner Nähe; an dessen junger, benedeiter Brust er saugt.

Und was ein Mensch empfindet, der beides erblickt, ist ein Dank — für den es Worte nicht gibt.

Ausklang

Der Scherenschnitt

I.

Zehn Monate sind um. Dezember. Dezember. Rings im allemal grünen Grunewald liegt Schnee... Weihnachten ist ein Kitsch — aber was will der Mensch tun?

Was man hat, hat man. Das gilt für den anmutig geschnittenen Schattenriß: junge Mutter — und ihr »blonder Knabe im lockigen Haar«. Beide sind von einer ziervollen Randleiste rings umärmelt.

Alles in schwarzem Scherenschnitt auf weißem Grund zwischen zwei Glasscheiben.

II.

Ob auch die Ähnlichkeit noch genauer zu treffen wäre (für jemanden, der die zwo Geschöpfe gut kennt): so sind gewissermaßen doch die Hauptlinien, die Haltung, das Profil, sehr wohlbehaglich erreicht — wenn sie, auf einem Stuhl etwas zurückgelehnt, den Lümmel mit ihren gestreckten Armen vor sich hält, wie er so auf dem Schoß steht.

Auf dem Scherenschnitt glaubt man einen kleinen Cupido zu sehen... Ah was, der mythologische Cupido ist ein Hund dagegen. Der hat nie so ungestüm-dumm gebrüllt und gelacht; nie so gleichgiltig und süß in die Christbaumlichter geguckt; und hernach zum Schutz vor dem Sandmann die Faust so niedlich in die Augen gewischt.

III.

Cupido? Der hat auch nicht, wenn ein antiker Mensch zu ihm rief: »Mach: bitte-bitte«, mit zehn Monaten die Hände so freundlich zusammengepatscht. Der griechisch-römische Himmelsknabe war sozusagen was aalglatt Fertiges, auch im Leben gewissermaßen aus Marmor oder was Gemaltes — aber kein tanzendes und krabbelndes Kreatürchen, das über

Teppiche mit Schwimmbewegungen hastet, den Kopf hochhebt und einen anlacht, daß man die irdische Seligkeit gleich
im Kubik empfindet.

IV.

Laßt's mich aus mit dem Cupido und der ganzen klassi-
schen Götterzeit. War seine Mutter nicht die Venus? Meinet-
wegen, bitte! Wie geölt oder kieselkalt scheint aber das Verhältnis der zwei. Hat er je zu ihr, mit zehn Monaten, nicht
nur »Mammma« gesagt, sondern manchmal sogar »Mamm-
mamammmamammma!« — und noch länger? Und hat seine
Mutter dann gestrahlt wie drei Sonnen?

Antworten Sie, Venus, Person, Marmorgigerl, Tipptopp-
Göttin vom olympischen Kurfürstendamm, herzlos, ohne
Mitgefühl! — Keinen Ton sagt sie. Mucksmäuschenstill. Ist
schon gut.

Jula

I.

(Mit Michael)

Du bist, ihr seid der neue Tag,
Des schweren Herzens leichter Schlag,
    Das Lachen nach dem Leide.
Ihr spannt... ein dämmerbuntes Band
Zum Träumebaum ins Kinderland —
    Ihr beide. Ihr beide.

II.

(Mit Anna Judith und Michael)

Du bleibst so wonnig, wie du warst.
Und seit du noch eins zugebarst,
    Verlängert sich die Reihe.
Wer heitert und erhellt mein Haus?
Zween Mäuse sind's und eine Maus —
    Ihr drei! Ihr drei!...

Sprache

I.

Die ersten Jahre bleibt es ein Geflöt. Wir baden einen Sommer hindurch mit den Kleinen im Mittelmeer unweit von Pisa. Die Zweijährige sagt: »Pija« — das »j« wie in »Jenny«. (Klingt viel hübscher als »Pisa«.)

Zu Italienern, die sie ansprechen: »Non capisco itasano.«

II.

Der Junge scheint ein guter Deutscher zu sein — nach der Aussprache. Wenn das Salz zum Ei morgens, das Jahr darauf, in Biarritz fehlt, ruft er:

>Donnez-nous un peu de sel,
>Mattmosell! mattmosell!

Guter Deutscher.

III.

Englisch lehrt beide jetzt ihre, in Madras geborene, Miß. (Die . . . inderfrau.)

Abends heißt es: »Guttneit, däddi, sliep wwell!!

Gute Deutsche.

Erna Schmidt in Mecklenburg

Bald braungeschmort im Sonnenstrahl,
  Bald wonnevoll vom Wind gezaust:
So hab ich nun zum zweitenmal
  Am Meer mit Weib und Kind gehaust.
    Acht Wochen lang, acht Wochen lang —
    Jetzt ist uns vor dem Scheiden bang.

Das Riechhorn war von Lust erfüllt,
  So oft es Tang und Wellen roch.
Der Sturm hat herrlich laut gebrüllt,
  Doch meine Jöhren lauter noch,
    Daß es durch Mark und Knochen drang —
    Acht Wochen lang. Acht Wochen lang.

Die Zeit verglitt — wir gleiten mit.
Die Abschiedspfote beut man heut
Der unerschrocknen Erna Schmidt,
Die hat uns trübungslos betreut,
Auch wenn ihr Trommelfell zersprang —
Acht Wochen lang. Acht Wochen lang.

Der Grimm gegen Grimm

I.

Abends acht Uhr. Schreie kommen aus dem Kinderzimmer. Ein kleiner Junge rennt heraus, im Hemd. Hinter ihm, aus dem Bett geklettert, ein noch kleineres Mädel. »Der Wolf! Der Wolf!!«

II.

Rotkäppchens Wolf. Das Gruseln lehrt man ganz junge Geschöpfe! Wieviel Menschen tadelten das; wie wenig ist geändert. Auch nicht an den glühenden Pantoffeln von Sneewittchens Königin. An der Mutter im Märchen vom Machandelboom, die »tomascht« wird — nämlich zermatscht. (Worauf die Kinder fröhlich sind.)

Gruseln und Grausamkeit lehrt man junge Geschöpfe.

III.

Ich weiß, was man sie lehren soll — statt einer wirren Schönheit aus der Grimm-Sammlung. (Keine falsche Scham! Rationalist wäre kein Schimpfwort. Solche Geschichten sind nur herrlich für Meister der Volkskunde; auch für Poeten und Idioten.)

IV.

An schönere Märchen denk' ich manchmal — für die Zukunft. Grundbegriff: reales Abenteuer. Die wundersamere Wirklichkeit.

Am Rande der Luftschicht über dem Erdball beginnt alle Luft, huii, zu kreisen: zu stürmen. Da ist es aber kalt! Ein See auf der Erde wird ein Perlmuttknöpfchen. Sechs Männer bloß auf der ganzen Erde kennen das da oben. Einer fliegt und steigt. Tapfer bleibt er, im Schneesturm. Der liebe Junge wird schon matt... da nimmt er einen Zug des wundertätigen Sauerstoffs aus der Pfeife. Sofort ist er aufs neue fröhlich — und steigt, vorwärts! Immer in seinem Eskimoanzug; dicke Pelzhandschuh...

Ein Dichter muß alles das in leckere Vorgänge für das Kleinzeug einer werdenden Menschheit kneten.

V.

Was wäre die Frucht? — Glück im Bettchen: wenn man geschlossenen Auges fliegt — oder daß man nicht zu fliegen braucht... Alles mit Mutanreiz.

Ohne blöden, hetzenden Wolf.

Erkenntnis beim »kind'schen Spiel«. Die wahre, wahre, wahre Phantastowelt, wo es keine Glühpantoffeln geben darf; allenfalls Glühstrümpfe.

Humsti-Bumsti

I.

Ich sehe mit Michael, der jetzt schon fünf ist, ein Weihnachtsstück; von Tilla Bunzl.

Wird nun mit altem Zauber aufgeräumt? so daß kein Grimm gegen Grimm entsteht? Bringt man Märchen für Kinder von heut? mit Radio, Flugzeug, Fernphoto, Republik?

II.

Nein. Aber es geht lustig her. Die blonde Müllerstochter Else heiratet den Prinzen. Der König heißt Onkel Fridolin; ein komisch gutartiger Trottel.

Daneben, lang und schwarz, ein böser Hexerich — den es doch nicht gibt. Die Hexe mit sechs Armen... Oben ruft ängstlich eine Stimme: »Mammi!!« (Sonst lachen sie sehr.)

III.

Unten; Gespräch am Schluß: »Und was hat dir am aller-
besten gefallen?«

Fünfjähriger (wie aus der Pistole geschossen): »Die Else!«
(Fängt früh an.)

  »Was hat dir sonst noch gefallen?«

  »Wie der gesagt hat: du Luder!«

Kinderbühne

I.

Auch die Erwachsenenbühne, meine Teuren, ist eine solche. Kommt auf den Sehpunkt an. Also nicht untertreiben.

Wo Engel und Sterne für Kinder zu vermuten sind, geh'
ich nicht hin. Ich tu's und tu's halt nicht. Aber lassen Sie
mich doch nach meiner... Also ich tu's nicht.

II.

Meine Tochter tanzt mit drei Jahren wie eine Zirkusper-
son. Du Stupsnase. Von mir belehrt, sagt sie das Gedicht:
»Ich ging im Walde so für mich hin...«; sehr ausdrucksvoll;
bei der Schlußzeile steht sie plötzlich auf den Händen. Was
hab' ich da in die Welt gesetzt!

Rad schlägt sie auch... Oft macht sie »Spagat« — wo beide
langgestreckten Beinchen eine grade Linie bilden; den Kopf
legt sie dann zwischenhin auf die Erde. Jetzt steht sie schon
wieder auf den Händen. Was hab ich in die Welt gesetzt!

Stupsnase! Puppi! Turnkatzl!

III.

Erlaubte Seligkeiten für Kinder sind Phantasiedinge — die
später nicht widerrufen und genullt werden müssen; nicht
als Lügen schmerzvoll einst entblättert und enthüllt. Indem
das Kind heute schon lachend weiß, daß es Lügen sind.

Rationalismus? Jawoooohl!...

Rationalismus ist kein Schimpfwort — in einer Zeit, wo das Fernsein von ratio (Vernunft auf deutsch) den Planeten etwas verkommen ließ; wo der ratio-Mangel eine Viertelmilliarde Menschen glücksarm (und noch dümmer) gemacht hat.

Das Schimpfwort hieße ganz anders...

IV.

Aber nicht zuviel ratio...

Ich habe letzthin der dreijährigen Person das »Heidenröslein« gelehrt. Sie kann's. Nachher fragt sie:

»Hat das Heidenröslein einen Popo?« — »Was?! weshalb?«

»Es heißt doch: saß mit vielen Freuden.«

(Ganz richtig, von deinem Standpunkt.)

(Finis)

Inhalt

Verwirrungen

Lützow-Ufer

Gruß an das Dunkel

Nach dem dreißigsten Jahr

Ausklang